Mark Twain

THE ADVENTURES OF
Huckleberry Finn

허클베리 핀의 모험

Retold by Joshua Snyder

발 행 인   민 선 식

펴 낸 곳   ░░░ THE**TEXT**
            A YBM COMPANY

초판인쇄   2006년 11월 17일

초판발행   2006년 11월 22일

등록일자   2001년 12월 17일

등록번호   제 300-2001-277호

            서울특별시 종로구 종로 2가 48-1

            TEL (02) 2000-0515

            FAX (02) 2271-0172

Copyright ©2006 THE TEXT

ISBN   89-92228-17-1

인터넷 홈페이지 http://www.ybmbooks.com

머 리 말

21세기 현대 생활 전반에서 영어는 큰 비중을 차지하고 있으며, 영어 실력은 한 사람을 평가하는 중요한 척도로 자리 잡았습니다. 영어 실력을 배양하기 위해서는 완전하면서도 자연스러운 원어민의 말과 글을 많이 접하고 느껴야 합니다.

이를 위해 YBM/Si-sa 가족인 THE TEXT는 세계 문학사에 빛나는 작품들을 엄선하여 The Classic House를 펴내게 되었습니다. 세계적인 명작들은 숨가쁜 현대를 살아가는 우리들에게 글 읽기의 즐거움과 함께 그 심오한 사고의 깊이로 시대를 초월한 감동을 선사합니다.

그러나 이들 문학 작품들이 탄생한 시대의 문체와 현대의 문체 사이에는 큰 차이가 있어서 영어를 사랑하는 사람들도 접근하기가 힘든 점이 있습니다. 이에 THE TEXT는 원작의 내용을 그대로 살리면서 보다 쉽고 간결한 문체로 원작을 재구성하여, 독자 여러분이 명작의 감동을 그대로 느끼면서 현대 영어를 자연스럽게 체득할 수 있도록 배려하였습니다.

The Classic House가 독자 여러분의 영어 실력 향상뿐 아니라 풍부한 정서 함양과 문학적, 문화적 교양을 배양하는 데 큰 도움이 되기를 기대합니다.

이 책의 특징

폭넓은 독자층 대상 고등학생, 대학생, 일반 성인 등 다양한 독자들이 쉽게 접근할 수 있는 영어 수준으로 구성하였습니다. 부담 없이 읽는 가운데 영어실력이 향상됩니다.

읽기 쉬운 현대 영어로 전문 재구성 영어권 작가들이 원작의 분위기와 의도를 최대한 살려서, 고전적인 문체와 표현을 현대 영어로 바꿔 이해하기 쉽게 다시 집필하였습니다.

친절한 어휘해설 및 내용설명 오른쪽 페이지의 주해(Footnotes)를 통해, 본문 어휘풀이뿐 아니라 내용 이해에 필요한 상황설명과 문화정보(Cultural tips)도 함께 제공합니다.

유려한 우리말 번역 영어 본문 뒤에 「명작 우리글로 다시읽기」를 실었습니다. 훌륭한 번역서의 기능을 하며, 해당 영문의 페이지도 표시하여 찾아보기 쉽도록 하였습니다.

본문 표현을 활용한 생활영어 권말에는 「명작에서 찾은 생활영어」가 있습니다. 영어 본문에서 생활영어로 활용 가능한 표현이나 문장을 뽑아 상세한 해설과 함께 실었습니다.

원어민이 녹음한 MP3 file www.ybmbooks.com에서 원어민이 영문을 낭독한 MP3 파일을 무료로 다운로드 받아 읽기 능력뿐 아니라 듣기 능력과 발음이 향상되도록 하였습니다.

이 책의 활용법

Listening Casually 본격적으로 책을 읽기에 앞서 MP3 파일을 들으면서 책의 내용을 추측해 봅니다. 들리지 않는 단어가 나오더라도 본문을 참고하지 않도록 합니다.

Reading Through 영어 본문을 본격적으로 읽습니다. 문장을 읽다 간혹 모르는 단어가 나오더라도 멈추지 않고 이야기의 흐름을 파악하는 데 중점을 두면서 읽습니다.

Reading Carefully 오른쪽 페이지 하단의 주해와 책 말미에 있는 「명작 우리글로 다시읽기」를 참고하여 문장의 정확한 의미 파악에 주력하며 다시 한번 영문을 읽습니다.

Listening Carefully 상기한 3단계를 거치며 영문의 의미를 파악한 다음, 이전에 들리지 않았던 영문이 완전히 들릴 때까지 MP3 파일을 반복해서 청취합니다.

Speaking Aloud MP3 파일을 자신이 따라할 수 있는 속도로 조절해 가면서 원어민의 발음, 억양, 어투 등에 최대한 가깝게 발성하면 회화에 큰 도움이 됩니다.

Speaking Fluently 「명작에서 찾은 생활영어」를 통해 실생활에 유용하게 쓰일 수 있는 회화 표현들을 자연스럽게 익혀 유창하게 말할 수 있도록 합니다.

저자소개

마크 트웨인(Mark Twain) 미국, 1835~1908

본명이 사무엘 랭혼 클레멘스(Samuel Langhorn Clemens)인 마크 트웨인은, 미국 미주리(Missouri)주에 있는 미시시피 (Mississippi) 강변의 소도시 하니벌(Hannibal)에서 성장했다. 당시 소년들의 꿈은 강을 오르내리는 증기선의 선장이었는데, 실제로 그는 21세에 수로 안내인(riverboat pilot)이 되어, 소년시절과 이때의 경험을 바탕으로「톰 소여의 모험(The Adventures of Tom Sawyer, 1876)」,「미시시피 강의 생활 (Life on the Mississippi, 1883)」,「허클베리 핀의 모험(The Adventures of Huckleberry Finn, 1885)」 등을 집필하였다.

14세 때 판사였던 부친의 사망으로 교육도 제대로 받지 못하고 식자공과 수습기자를 하다 1862년 여러 지방신문에 글을 기고하기 시작한 그는 1865년 단편「짐 스마일리와 뛰는 개구리 (Jim Smiley and His Jumping Frog)」를 발표하여 유머리스트로 명성을 얻게 되었다. 이후 발표하는 작품마다 성공을 거두어 작가로서의 지위를 굳혔다.

그는 여러 작품에 특유의 풍자와 해학, 유머를 도입하여 작품에 예술성을 불어넣는 등 미문학사에 기여한 공로로 '미국 근대문학의 아버지', '미국의 셰익스피어'라는 칭송을 받고 있다.

작품소개

일찍이 어네스트 헤밍웨이(Ernest Hemingway)는 "미국의 모든 현대 문학은 마크 트웨인이 쓴 「허클베리 핀의 모험」이라는 책 한 권에서 비롯하였다."고 말한 적이 있다. 이처럼 마크 트웨인이 발표한 많은 작품 가운데서 「허클베리 핀의 모험」은 미문학사에서 매우 중요한 위치를 차지한다.

이 작품은 허클베리 핀(Huckleberry Finn)이라는 열서너 살 소년이 겪는 모험담을 허클베리 자신이 들려주는 방식으로 기술한 자전적 소설이다. 미주리 주 세인트 피터스버그(St. Petersburg, Missouri)에서 부랑아로 살던 그는 보물을 찾아 부자가 된 이후, 더글러스 아주머니(Widow Douglas) 댁에 입양되어 교육을 받지만 끝내 적응하지 못한다. 이후 돈을 노리는 아버지에 의해 잭슨 섬에 감금되었다가, 도망친 노예 짐(Jim)을 만나 함께 자유를 찾아 미시시피 강을 따라 여행길에 오르게 되고, 이를 통해 모험과 더불어 정신적 성숙도 이루게 된다.

「허클베리 핀의 모험」은 출간 초기에는 주인공이 불량소년이며 청소년들에게 악영향을 끼친다는 이유로 신랄한 비판을 받기도 하였다. 그러나 문명사회를 거부하고 모험을 즐기는 자연아 허클베리 핀의 맑고 순수한 모습과 그가 들려주는 재미있는 에피소드들은 그 진가가 인정되면서 독자의 뜨거운 사랑을 받게 되었으며, 그 사랑은 세기를 달리해도 여전히 계속되고 있다.

등·장·인·물

허클베리 핀 Huckleberry Finn

허크(Huck)라고 불리는 이 작품의 화자. 친구인 톰 소여와 함께 보물을 찾
아 부자가 된 뒤, 더글러스 아주머니 댁에 입양되어 교양인으로서 수업을
받으며 살아간다. 돈을 노리는 술주정뱅이 아버지의 갑작스런 등장과 함께
납치되어 잭슨 섬의 오두막집에 감금되나 섬에서 만나게 된 노예 짐과 함
께 뗏목 여행을 하며 갖가지 모험을 한다.

짐 Jim

왓츤 아주머니의 밑에서 일하다 자신을 남부로 팔려는 계획을 우연히 엿듣
고 탈출한 흑인 노예. 잭슨 섬에서 허크를 만나 자유를 향한 긴 여행을 함
께 하며 우정을 쌓는다. 순진하고 다정다감하며 의리가 있는 인물로 여행
끝에 왓츤 아주머니의 배려로 노예 신분에서 벗어나게 된다.

왕과 공작 King & Duke

허크와 짐이 여행 도중 만나게 된 사기꾼들. 자신을 각각 프랑스 왕과 브리
지워터 공작이라고 칭한다. 들르는 마을마다 사람들을 속여 돈을 긁어모으
려 하지만 매번 실패하자, 허크 몰래 짐을 톰의 이모인 샐리 부인댁에 단돈
40달러에 팔아치운다.

그레인저필드 대령 Colonel Grangerfield

허크가 짐과 잠시 헤어져 머무르게 된 대저택의 주인. 길을 잃은 허크를 집에 머무르게 하며 돌보아준다. 같은 마을의 세퍼슨 집안(the Shepherdsons)과 대를 이은 원한 관계로 인해 자식들을 잃는다.

톰 소여 Tom Sawyer

허크의 절친한 친구. 허크가 여행 도중 샐리 이모 집에서 재회한다. 허크와 함께 위험을 무릅쓰고 짐을 샐리 이모 집에서 탈출시키는 계획을 세운다.

샐리 이모와 사일러스 이모부 Aunt Sally & Uncle Silas

톰의 이모와 이모부. 왕과 공작으로부터 도망친 노예 짐을 넘겨받고 헛간에 가둔다. 짐을 구하러 온 허크를 톰으로 착각하고 정성스럽게 보살핀다.

왓튼 아주머니 Miss Watson

허크가 함께 살게 된 더글러스 아주머니의 여동생. 허크를 교육시키려다 결국 포기한다. 노예 짐을 다른 곳에 팔려다 짐이 도망치는 사건을 겪게 되지만, 죽음을 앞두고 짐을 노예 신분에서 해방시켜 준다.

CONTENTS

1. Tom Sawyer's Gang ···················· 14

2. Huck's Dad ····························· 21

3. Huck's Dad's Cabin ················· 28

4. A New Life on Jackson Island ········ 34

5. The Floating House ················· 39

6. Huck's Disguise ······················ 42

7. The Steamboat Wreck ··············· 50

8. Lost on the River ···················· 57

9. The Family Feud ···················· 70

10. Meeting a Duke and a King ··········· 86

11. The Wilks Family ················· 103

12. Jim Is Gone ···················· 120

13. Rescuing Jim ···················· 127

14. The Reunion ···················· 142

명작 우리글로 다시읽기 ······················ 162

명작에서 찾은 생활영어 ······················ 238

The Adventures of Huckleberry Finn

Jim and I said that a raft was the best home.
You feel free and easy and comfortable on a raft.

1. Tom Sawyer's Gang

If you haven't read *The Adventures of Tom Sawyer*, you won't know me. Mr. Mark Twain wrote that book. Most of it was true, but some of it was not. Everyone lies sometimes. The only people I've ever met who've never lied are Tom's Aunt Polly and the Widow Douglas. They are both in that other book.

This is how that book ended. Tom and I found $6,000 worth of* gold in a cave. We were rich! Judge Thatcher put the money in a bank for us. We each got one dollar a day in interest.* That was a lot of money for a boy in those days. Widow Douglas made me her son.* I went to live with her and she wanted to teach me manners.

I didn't like living in her house. Of course, she was nice and kind. But I didn't like wearing nice clothes, sleeping in bed, and being polite. I missed my freedom. So one night, I put on my old clothes and ran away.

Tom Sawyer found me. He said that he was

starting a gang of robbers.* He said that if I wanted to join his gang, I had to go back to the Widow Douglas. So I went back.

When I got back, the Widow was so happy to see me. She cried and cried. "My poor lost lamb has come home," she said.

But the situation was the same. She made me wear new, uncomfortable clothes again. I had to sleep in a bed. I had to be polite. I even had to have table manners.* I had to wait for Widow Douglas to pray before I ate. The food was good. But I liked to eat everything mixed together.* It tasted better that way.

Miss Watson, the Widow's sister, came to live with her. She tried to teach me how to read. But after one hour, she gave up.

One night, I was in my room feeling very sad and lonely. I heard a noise that sounded like a cat outside my window: "Me-yow,* me-yow." But it wasn't a cat! It was Tom Sawyer's secret call.* I answered back, "Me-yow, me-yow." Then, I

숫자+worth of ···상당의   in interest 이자로   make A B's son A를 B의 양자로 삼다   gang of robbers 강도 갱단   table manners 식사 예절, 테이블 매너   eat everything mixed together 꿀꿀이죽처럼 섞어서 먹다   me-yow 야옹   secret call 비밀 신호

climbed out the window to meet my friend.

We had to be very, very quiet. When we walked by the kitchen, I tripped[*] and fell. We tried not to

Miss Watson, the Widow's sister, tried to teach me how to read. But after one hour, she gave up.

move. Jim, Miss Watson's slave, was sitting at the kitchen door.

"Who is that?" he said.

Jim stood up and walked around the yard. It was dark. Tom and I lay on the ground quietly. My foot started to itch.* But I couldn't scratch* it. I was too afraid to make a noise. Then my ear began to itch. Soon, my whole body was itching!

Then Jim said, "Where are you? I heard somebody. I'm going to sit down and wait until you come out."

Jim sat down. He leaned his back on* a tree and stretched out* his legs. His breathing became heavier. Soon, he was snoring.* He was asleep! My itching stopped, and we ran away quietly.

We walked to a hill next to the town. There were only a few lights in the town. In the starlight,* we could see the river next to the town. We met Joe Harper and Ben Rogers and some other members of our gang.

We all walked to the river. We took a boat to a

---

trip 걸려 넘어지다   itch 가렵다   scratch 긁다   lean one's back on …에 등을 기대다   stretch out 쫙 펴다   snore 코를 골다   in the starlight 별빛을 받으며

hole in the side of a hill. We lit candles[*] and went into the hole. It led to a big cave.

Tom said, "We'll call ourselves Tom Sawyer's Gang. This cave will be our secret hiding place.[*] We must all swear an oath and sign it in blood. We must be loyal to[*] the gang. If someone betrays[*] the gang, the others will kill his family."

"But Huck Finn doesn't have a family," said Ben Rogers. "So he can't join."

"Huck has a father," said Tom.

"But Huck's father disappeared a year ago," said Ben.

The other boys talked about this. I was worried that they wouldn't let me in the gang. I wanted to cry, but I thought of something.

"You can kill Miss Watson if I betray the gang," I said.

The other boys agreed and let me join the gang.

"What kind of gang will we be?" asked one boy.

"We'll be robbers," answered Tom. "We'll wear masks and steal things from people. We'll take their money and watches. We'll kidnap[*] people and take them here until someone pays ransom.[*]"

"What's ransom?" asked Ben Rogers.

"I don't know," said Tom. "But I read about it in a book. We'll take people here to this cave. We'll kill the men. But we'll keep the women. They'll fall in love with us."

We talked about kidnapping people for some time. We would have to guard them and feed them. It would be difficult, but we all agreed to be robbers.

One boy, Tommy Barnes, fell asleep during our talk. When he woke up, he started to cry. He was afraid. He said he wanted to go home. He said he didn't want to be a robber. We all laughed at him and he became mad.[*] He said he wouldn't tell anyone about the gang. Tom gave him five cents to keep our secret. We agreed to meet again in one week to plan our first robberies.

Everyone went home. I climbed into my window just before the sun rose. My new clothes were very dirty. I was very tired and went to sleep.

That morning, Miss Watson was very mad at

---

light a candle 초에 불을 붙이다　secret hiding place 비밀 은신처　loyal to …에 충성스러운　betray 배신하다　kidnap 납치하다　ransom 몸값 mad (at) …에 화가 난

me for my dirty clothes. I decided I would try to be a good boy.

Still,[*] I went out with[*] Tom Sawyer's Gang for about a month. We never robbed[*] anybody. We didn't kidnap anybody, either. We just pretended to be robbers. After some time, I quit. Then all the other boys quit, too.

2. Huck's Dad

Three or four months later, it was winter. Widow Douglas had sent me to school every day. I learned how to read and how to write. They tried to teach me math, but I didn't think I needed it.

I hated school at first. It got better, though. Whenever I got too bored, I'd just skip school.* The teacher would get mad and beat me the next day. I didn't really care. I even started to like living with the Widow. Sleeping in a bed was still a bit* uncomfortable. When it was warm, I would go sleep* in the woods sometimes. I liked my old life better, but this new life was all right. Widow Douglas even said I was learning manners.

I had not seen my dad in more than a year. I didn't care. I didn't want to see him again. He

---

still 그럼에도 불구하고 go out with …와 어울려 돌아다니다 rob …로부터 금품을 훔치다 skip school 학교 수업을 빼먹다, 땡땡이 치다 a bit 조금(= a little) go sleep 가서 자다(= go and (to) sleep) used to hit me a lot. I used to hide in the woods when he was around. Someone said that he died, but I didn't believe it. I knew he would show up[*] one day.

One morning before school, I knocked over[*] a saltshaker.[*] Spilling[*] salt was very, very bad luck. I was nervous[*] and worried on the way to school that morning. I knew something bad would happen.

There was fresh snow on the ground. I saw somebody's footprints.[*] When I looked closely, I saw a cross on the left footprint. Those were my dad's footprints! He cut a cross in his left shoe to keep away bad luck.[*]

I ran away as fast as I could. I didn't want to see my dad. He probably had heard about the money Tom and I had found, and was coming to get some of it. I went to Judge Thatcher's house.

"Judge Thatcher," I began. "Do you still have my money?"

"Yes, Huck. Of course, I do. Do you need some of it?"

"No, sir! I don't want it. I want you to have it. I want to give it to you. All of it!"

He looked very surprised at what I had said.

"Please don't ask me any questions," I said. "Then I won't have to tell a lie. Just take my money."

The Judge thought for some time and finally agreed. He didn't know my dad was in town, but he knew I was in some kind of trouble. He took out a piece of paper and made a contract. I signed it.

Then, I went to find Miss Watson's slave, Jim. I knew that he knew magic. He also knew about good and bad luck and how to tell the future.* I told Jim about my dad and asked him why he was here and how long he would stay.

Jim took out a magic hairball* from an ox's stomach. Jim said that there was spirit inside that spoke to him. Jim listened to the hairball and told me what he heard.

"You father is confused," said Jim. "Sometimes he wants to stay. Sometimes he wants to go. He has a good angel and a bad angel following him. The good angel tells him to do good things. The

---

show up 나타나다 knock over 부딪쳐 넘어뜨리다 saltshaker 위쪽에 구멍이 하나 뚫린 식탁용 소금그릇 spill 쏟다 nervous 떨린, 긴장된 footprint 발자국 keep away bad luck 악운을 물리치다 tell the future 미래를 예언하다 hairball 모구(고양이 등이 삼킨 털이 위에 들어가 뭉쳐진 덩이)

bad angel tells him to do bad things. But you are all right. You'll have both trouble and joy in your life. You'll get sick, but then you'll get better. There will be two girls in your life. One is rich and the other one is poor. You'll marry the poor one first. But later, you'll marry the rich one. You have to stay away from water.* And don't take any risks.*"

It was now dark, and I lit my candle and went up to my bedroom. I opened the door and someone was sitting in my bedroom. It was my dad!

I used to be afraid of him. But I was not very afraid of him now. I just felt surprised.

My dad was almost fifty years old. He looked very old. His hair was long. Black, and dirty. He also had a long beard. His face was white and looked sick. His clothes were old and had holes in them.

He was leaning back on his chair, looking at me. Then he spoke:

"You're wearing some pretty nice clothes. You probably think you're high class* now."

"Maybe I do. Maybe I don't," I answered.

"Don't talk back to* me!" he said angrily. "You've really become fancy* since I left. I

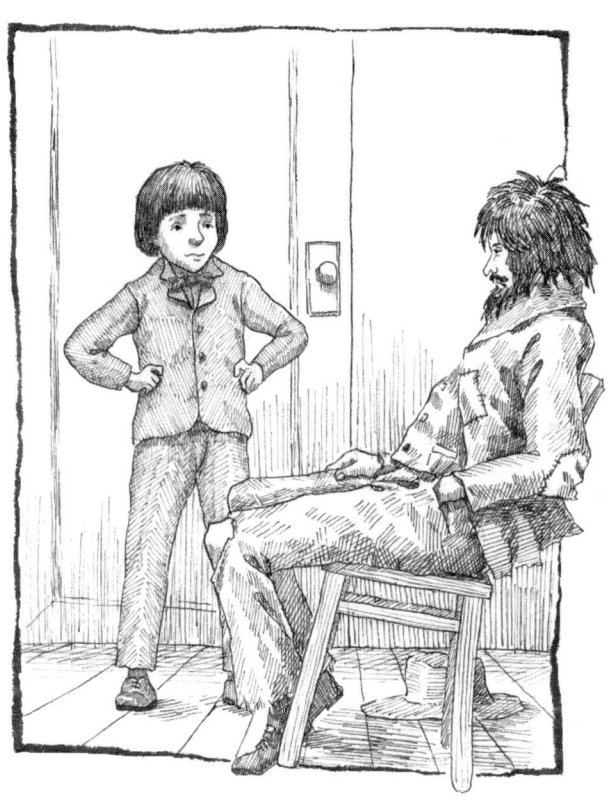

My dad was leaning back on his chair,
looking at me. Then he spoke:
"You're wearing some pretty nice clothes".

---

stay away from water 물을 멀리 하다   take a risk 위험을 무릅쓰다   high
class 상류층   talk back to …에게 말대꾸하다   fancy 멋쟁이의, 화려한, 극상의

heard you could read and write. You probably think you're better than your father. I can't read. Your mother couldn't read. No one in your family could read. Why do you need to read? Let me hear you read something."

I picked up[*] a book and read something about George Washington. My dad grabbed[*] the book and threw it across the room.

"So it's true! You can read! I didn't believe it when I first heard it. I don't want you to go to that school again. They're teaching you that you're better than your father."

He mumbled angrily to himself[*] for a minute. Then he spoke again:

"You sure are fancy. You sleep in a bed in a nice room. Your farther has to sleep outside with pigs. I'll teach you that you're not special. I heard you were rich. That's why I came back. I want that money."

"I don't have any money," I said.

"You're lying. I know that Judge Thatcher is keeping your money. Get it for me. I want it."

"I don't have any money. You can ask Judge Thatcher. He'll tell you."

"All right. I will. I'll ask him and make him

talk. How much money do you have now?"

"I only have a dollar and I want to..."

"I don't care what you want, Give me your money."

I gave it to him and he took it. He said that he would go get some whisky. He jumped out of the window. He stuck his head back in the window[*] and told me not to think I was fancy. He also told me not to go to school again.

The next day my dad was drunk. He went to see Judge Thatcher and threatened him. He demanded the money. When the Judge refused, my dad said he would take him to court.[*]

There was a new judge in town. He didn't know my dad. The court case[*] went on for many weeks. My dad got drunk[*] several times and caused trouble in town. He even went to jail a couple of times.

---

pick up 집어들다   grab 움켜잡다   mumble to oneself 혼자 중얼거리다
stick ones' head in the window …의 머리를 창문 안으로 디밀다   take..,
to court …을 상대로 재판을 걸다   court case 법정 소송 사건   get drunk 술
에 취하다

3. Huck's Dad's Cabin

My dad started to bother* Widow Douglas. She said she would have him arrested. That made him mad, so one day he came and took me away. He took me to the river. We got on a small boat. We went up the river and then got off and went into a deep forest. He took me to an old log cabin.

I wanted to escape but he was with me all the time.* At night, he locked the door and kept the key under his pillow.* He had a gun. We hunted and fished for our food. The Widow sent a man to get me. But my dad chased him away* with his gun.

It was kind of fun. I could be lazy all day, smoking and fishing. There were no books to study. Two months passed and my clothes were dirty rags* again. I remembered life at the Widow's place,* where I had to comb my hair, have table manners, and go to bed early. I didn't want to go back. Life was not so bad in the woods with my dad.

But then he started hitting me again. One time, he locked me in the cabin and was gone for three days. I decided to escape. I found a saw* and started to make a hole in the wall. I was almost done when I heard the sound of my dad's gun in the woods. I covered up* the hole I had made with a blanket. Then my dad came in.

He was in a bad mood,* as usual. Things were going wrong in the court. It seemed I might have to go back to live with Widow Douglas. That worried me because I didn't want to go back. My dad was angrier than ever.*

He made me go to the boat and get the things he brought back. I carried a heavy bag of corn-meal,* a giant piece of pork, and a big jug* of whiskey back to the cabin. I decided I would run away that night. My dad would get drunk and fall asleep. Then, I would finish my sawing, take his gun, and escape. I would go far, far away. I would live alone, not with my dad or the Widow.

---

bother 괴롭히다 all the time 항상 pillow 베개 chase... away …을 쫓
아버리다 rags 누더기옷 place (고유명사 다음에) …저택 [집] saw 톱, 톱질하다
cover up 덮어서 감추다 be in a bad mood 기분이 나쁘다 than ever (비
교급 뒤에서) 그 어느 때보다도 cornmeal 옥수수 가루 jug (술이 든) 술병

I could hunt and fish to survive.

My dad started drinking while I cooked dinner. He got drunker and drunker. After dinner, he kept drinking. He talked to himself, complaining about* everything. I figured* in about an hour he'd be fast asleep. Then, I could steal his key and run away.

I waited for him to go to sleep, but he just moaned* and grumbled to himself. I was so tired that I fell asleep instead.

I was awoken by the sound of screams. My dad was jumping around the room screaming about snakes. He looked crazy. He said snakes were crawling up* his legs. I didn't see any snakes, though. He fell down and didn't move. I waited for him to go to sleep. But then he got up and started chasing me around the cabin. He said he would kill me. Soon, he fell down again and went to sleep crying. I took his gun and sat down pointing at* him. Once he was sound asleep, I would escape. Time went by very, very slowly. I fell asleep before I could run away.

"Get up!" shouted my dad in the morning. "What are you doing with that gun?"

"Somebody tried to break in* when you were

sleeping last night."

"All right. Now, go to the river and get us some fish. I'll be there in a few minutes."

When I got to the river I noticed that it had begun to rise. It always did in June. Then I saw a beautiful canoe floating down the river. No one was in it. I swam for it and brought it to shore. I thought my dad would be happy because it looked expensive. But then I had a better idea. I hid the canoe in the woods. When I had a chance,* I would run away by canoe.

The rest of the morning we hunted and fished. Then, my dad said he was going to town, so he locked me in the cabin. I finished sawing my hole very quickly and escaped from the cabin.

I took all the food I could to my canoe. I took the gun and everything else I thought I might need. On the way, I saw a wild pig and shot him. Then, I thought of a plan that would make my dad think that robbers had killed me.

I went back to the cabin and fixed the hole. I

---

complain about ···에 대해 불평하다   figure ···일 거라고 상상하다   moan 신음하다, 끙끙거리다   crawl up ···위를 기어올라가다   point at ···을 겨누다   break in 침입하다   have a chance 틈이 나다

took an ax[*] and broke the door. I took the pig's blood and poured[*] it everywhere. I filled a bag with rocks and dragged[*] it to the river. It looked like somebody had dragged a body to the river. Finally, I pulled out[*] some of my hair. I put some pig's blood and my hair on the ax and put it in the cabin. I went and dropped the pig into the water.

When it was almost dark, I got in my canoe and went down the river. Everybody would think I was dead. I decided I would go live on Jackson Island. I knew the place well. I could sneak into town[*] at night and steal the things I needed.

I was very tired and fell asleep on my canoe. When I woke up I didn't know where I was. The moon was shining and the river was very, very wide. It was late.

Then, I noticed another small boat coming my way.[*] There was only one man in it. When the boat got close enough, I saw that it was my dad!

I moved my canoe away from him as quickly and quietly as I could. I was lucky. He didn't see me. I now knew where I was. The ferry landing[*] was close-by. There would be people there and they might see me. So I lay down in the bottom of my canoe and hid. As I passed the ferry landing I heard people talking. One man said that it was three o'clock in the morning.

Once it was safe I lifted my head up* again. Soon, I was at Jackson Island. I hid the canoe in some trees. I sat down on a log and watched a very big logging boat* pass by. I could hear the men on the boat speaking as if they were standing next to me.

The sun was beginning to rise, so I went into the woods to take a nap before breakfast.

---

ax 도끼 pour 쏟아 붓다 drag 질질 끌다 pull out 잡아뜯다 sneak into
town 살며시 마을로 들어가다 come my way 내쪽으로 오다 ferry landing
나루터, 선착장 lift... up …을 들어올리다 logging boat 통나무 선적 배

4. A New Life on Jackson Island

I was awoken by a loud "boom"* sound. I got up and heard it again. Then, I saw a ferryboat* coming down the river. There was heavy white smoke coming from a cannon on the ferryboat. They were firing* the cannon across the water to try to make my body float* to the top.

The ferryboat got close enough for me to see everyone on board. I could see my dad, Judge Thatcher and his wife Bessie, Joe Harper, Tom Sawyer and his Aunt Polly, Sid, and Mary. There were many other people, too. I heard them talking about the murder.

They fired another cannon shot* and floated down the river. For an hour, I could hear the sounds of the "boom" getting further away. Then the boat came back up the river on the other side of the island. They fired more cannon shots and then went back to town.

I knew that I was safe. They wouldn't look for me any more. I went fishing and made myself dinner. It started to get dark so I made a fire* and sat down by it. I felt happy at first. But then I started feeling lonely. I decided to go to sleep.

I spent the next three days hunting, fishing, and exploring* the island. I felt like* the owner of the island. Then, I found a campfire that was still burning. I was not alone! My heart jumped! I was so scared. I lifted my gun up and walked quietly back to my camp. I stopped every once in a while to listen for* sounds. I didn't hear anything.

When I got back to my camp, I wasn't feeling brave. I hid all my things and put out* my fire. I made it look like an old camp from last year. I climbed up a tree and hid there for two hours. I didn't hear anything, but I imagined a lot of sounds. I couldn't stay in that tree forever, so I came down. I hid in the thick woods and ate some berries.

By nighttime I was very hungry. I quietly walked to my canoe. I went to the other side of

---

boom 대포의 쾅 울리는 소리   ferryboat 나룻배, 연락선   fire 발사하다   float 둥실 떠오르다   cannon shot 포탄   make a fire 불을 지피다   explore 이곳 저곳 살피다   feel like …인 것처럼 느끼다   listen for (소리가 나지 않을까 기다리며) …에 귀를 곤두세우다   put out (불을) 끄다

the river and built a fire.* I cooked some dinner.
I was planning to stay there all night. But then, I
heard the sounds of some men on horses.

"Let's camp here," said one of the men.

As quietly and quickly as I could, I went back
to my canoe. I went back to Jackson Island and
slept in my canoe. I didn't sleep well that night. I
was filled with fear. I decided I had to find out
who was on the island with me.

In the morning, I quietly went to where I had
seen the fire. I saw a man sleeping next to it. The

He dropped to his knees and put his hands
together. "Please don't hurt me!" he said.

man rolled over* and I saw who it was. It was Jim, Miss Watson's slave! I was so happy to see him.

"Hello, Jim!" I shouted.

He jumped up* and looked scared.* He dropped to his knees* and put his hands together.

"Please don't hurt me! I never hurt a ghost.* I always liked dead people. You'd better go back to the river. Don't do anything to me. I was always your friend."

I explained to Jim that I wasn't dead. I was so happy to see him. Now, I was no longer alone. I asked him how long he had been here.

"I came here the night after you were killed, or when people thought you were killed. I've been eating berries. There's no food on this island."

I took him to my canoe and we took some food and cooked a good breakfast. Jim was very, very happy. I told him the story of how I escaped. I asked him why he had come to Jackson Island. He was quiet and looked worried. Then, he

---

build a fire 불을 지피다   roll over 뒹굴다   jump up 벌떡 일어나다
scared 겁먹은   drop to one's knees 땅에 무릎을 꿇다   hurt a ghost 귀
신을 해치다

spoke:

"Do you promise you won't tell?"

Jim was my friend, so I said, "Yes."

"I ran away!"

"Jim!" I shouted. He was a runaway* slave! This was a serious situation.

"You promised you wouldn't tell anyone," said Jim.

"Yes I did. And I won't tell. I don't care what other people say about me. Tell me why you ran away."

"Well, Miss Watson treats me bad* sometimes. But she always says she'd never sell me down to New Orleans. Then, I noticed a slave trader* coming to Widow Douglas's house. I got nervous. Then, I heard Miss Watson say one night that she was going to sell me to New Orleans. She said she didn't want to, but she could get eight hundred dollars for me. It was so much money. I don't want to be sold and I don't want to be a slave. So I ran away. And now I'm rich!"

"You're rich?" I asked. "What do you mean?"

"Now I own myself," he explained. "And I'm worth eight hundred dollars. I wish I had the money now, though."

5. The Floating House

That same day, Jim and I explored the island together. In the center of the island, we found a great cave. It was as big as two or three rooms. We took everything from the canoe and put it in the cave. We put some blankets on the floor for a carpet.* Then we cooked our dinner in the cave.

A great thunderstorm moved in. We watched the lightning and listened to the thunder from the safety and dryness of our cave. I told Jim that I wouldn't want to be anywhere else in the world. Jim agreed. He was very happy that I had found him.

The river kept rising for ten or twelve days. One night, we found a very nice big lumber raft.* We took it back to the shore.

---

runaway 도망친 treat... bad …을 심하게 대하다, 못살게 굴다 slave trader 노예상인 put some blankets on the floor for a carpet 양탄자 대용으로 바닥에 담요를 깔다 lumber raft 통나무 뗏목

The next night, we saw a very strange sight: a two-story house* floating in the river! We took our canoe over to it and climbed in a second floor window. It was dark, but we explored the house. We saw something lying on the floor. It looked like a man.

"Hello," said Jim.

The man didn't move, so I shouted.

"He's not sleeping," Jim said. "He's dead. Stay here. I'll take a look at* him."

Jim walked over to the man and bent down* to look at him.

"Yes, he's dead. Somebody shot him in the back.* It looks like he's been dead for two or three days. Don't look at him, Huck. It's too scary.*"

I didn't want to look at him. Jim threw some rags over the man's body. We searched around the house. There were women's clothes lying about.* We took some clothes, a lantern, a knife, and anything else we thought we could use. We got back in our canoe and rowed back to Jackson Island.

Back on the island, we had our breakfast. I wanted to talk about the dead man, but Jim said it was bad luck. So we kept quiet. I really wondered who had killed the man. We went through* the clothes that we had taken. I found eight dollars in the pocket of a coat. I told Jim that we were having good luck, not bad luck. Jim said:

"Just wait. Bad luck is coming."

That was Tuesday. On Friday night, the bad luck came. I had found a rattlesnake* and killed him. I put the dead snake by Jim's foot as he was sleeping. I wanted to play a joke on* him. I thought it would be funny when he woke up and saw the snake. I forgot about the snake and went to sleep.

Jim's scream woke me up in the middle of the night. The snake's mate had come and bitten Jim on the foot. I had forgotten that a snake would always come for its dead mate. Jim's foot swelled* very big. Jim couldn't walk for four days.

---

two-story house 이층짜리 집 take a look at …을 한번 보다 bend down 무릎을 꿇다 shoot... in the back …의 등을 쏘다 scary 무시무시한 lie about 흩어져 있다 go through 뒤지다, 수색하다 rattlesnake 방울뱀 play a joke on …을 놀리다 swell 부어오르다

6. Huck's Disguise

The river water started going down for several days. Now that[*] Jim could walk again, we hunted and fished together. I started to get bored, so I wanted to do something new. I decided I would sneak into town at night. Jim thought it was a good idea. He said I needed to be very, very careful. He suggested that[*] I put on some of the women's clothes we had found in the floating house. No one would know me if I dressed[*] like a girl.

I rowed my boat across to the shore near the town. I saw a little cabin with a candle burning inside. I walked up to[*] it and saw a forty-year-old woman knitting by the light.[*] I had never seen her before. It seemed like good luck, so I knocked on the door. She opened the door and invited me in.[*]

"Come in," she said. "Please sit down. What's your name?"

"Sarah Williams," I said.

"Come in," she said. "Please sit down.
What's your name?"

---

now that 이제 …이므로 suggest (that)+주어+동사원형 …해야 한다고 제안하다 dress 옷을 차려입다 walk up to …까지 걸어가다 knit by the light 불가에서 뜨개질하다 invite... in …에게 안으로 들어오라고 하다

"Where are you from?"

I made up a story:*

"I am from Hookerville, a town down the river. My mother is sick. I came to town to get money from my uncle. He lives on the other side of town. His name is Abner Moore. Do you know him?"

"No," she answered. "I'm new in town. I don't know many people. It's a far way to* the other side of town. You can stay here tonight. Why don't you take off you hat?"

"Oh, I can't," I said nervously.* "I can stay for a short time, but I have to go."

She told me that I shouldn't go alone. She said her husband would be back soon. He could take me across town. She continued talking about her family. She talked on and on.* She then told the story of how Tom and I found the money and how my dad had come wanting it. Then she started talking about my murder.

"Who killed him? We heard the story in Hookerville. But we didn't hear who killed him."

"First, people said Huck did it himself. Now, people think it was Miss Watson's slave, Jim. He ran away the same night that Huck was killed. People are searching for him now. There's a three hundred dollar reward.* They're also looking for Huck's dad. He was on the ferryboat looking for his son. But he ran away the same day. There's a two hundred dollar reward for him. People think he killed his son so he could get his money from Judge Thatcher."

"So they've stopped looking for Jim?" I asked.

"Oh, no. Many people still think he did it. They'll find him soon. Then we'll hear his story. Many people want that three hundred dollar reward. I think I know where he is. I think he's over on Jackson Island. My husband and some other men are going over there tonight."

I became very, very worried. My hands started to shake. She looked at me strangely. I felt very uncomfortable.

"What did you say your name was?" she asked.

"M-Mary Williams," I answered. I realized I had made a mistake, so I couldn't look at her.

---

make up a story 이야기를 지어내다   it's a far way to …까지는 먼 길이다
nervously 긴장해서   on and on 계속해서   a three hundred dollar
reward 300달러 현상금

"I thought you said your name was Sarah Williams."

"Oh, I did. Sarah Mary Williams. Some people call me Sarah. Some people call me Mary."

I was less worried, but I still wanted to leave. The woman began talking again. She talked about how poor they were. She mentioned all the rats they had in their house. She said when the rats came looking for food, she would throw things at them. She had pieces of lead[*] on the table to throw at the rats. She saw one and threw a piece at it. She missed. She said that her arm hurt and asked me to throw the next piece. The rat came back and I threw my piece of lead. It was a powerful throw, but I missed. She said I would probably get the rat with the next throw.

She gave me some yarn[*] that she was using to knit. I had to hold it with both hands. She continued talking about her husband.

"You better[*] have a piece of lead ready for the next time the rat appears," she said.

She dropped the piece of lead in my lap. I put my legs together to catch it with my dress. Then she looked at me. Her expression was serious, but pleasant.

"What's your real name?" she asked. "Is it Bill, or Tom, or Bob?"

I was scared and started to shake. I didn't know what to do or say. I said:

"Don't laugh at a poor girl like me. Maybe I should go."

"No, you should stay," she said. "Now don't worry. I won't tell anybody about you. Maybe you ran away because somebody treated you bad. You can tell me. Tell me your story. Be a good boy."

I had to make up a new story. I told her that my mother and father were dead. I said that I was sent to live with a mean* old farmer who treated me real bad. I said I took some of his daughter's clothes and ran away. I told her that I thought my uncle Abner Moore in the town of Goshen would help me.

"Goshen?" she said. "This isn't Goshen. This is St. Petersburg. Goshen is up the river.*"

"Oh no!" I shouted. "I need to see my uncle

---

lead 납 yarn 뜨개실 better+동사원형 …하는 게 낫다 mean 야비한, 심술궂은 up the river 강 상류의

tonight! I have to go."

"Let me give you some food to take," she said. Then she asked, "What's your real name?"

"George Peters, ma'am," I answered.

"Try to remember your name. Don't tell me your name is Alexander before you leave. And then don't tell me it's George Alexander. When you go, stay away from women. You might fool* a man with those clothes. But you'll never fool a woman. I thought you were a boy when I first saw you so I tested you. You threw the lead like a boy, not like a girl. Boys throw with their arms, like you did. But girls throw with their whole bodies. And when a girl catches something with her dress, she pulls her legs apart.* You put them together. Now, Sarah Mary Williams George Alexander Peters, you should go see your uncle. If you get in trouble,* send someone for me. My name is Mrs. Judith Loftus. I'll help you if I can. Just follow the river road up to Goshen."

I walked out of her house. After about fifty paces, I ran as fast as I could to my canoe. I rowed quickly across to the Jackson Island. I ran quickly to our camp. Jim was asleep.

"Get up! They're after* us! We have to leave

now!"

Jim didn't ask any questions. He didn't say a word. But he was scared. He put out our fire. We covered up our camp. We took all of our things to our raft we had found. We tied the canoe to the raft. We floated silently and slowly down the river.

---

fool 속이다   pull... apart ···을 떼어놓다, 가르다   get in trouble 곤경에 빠지다   after ···을 추적하는, 뒤쫓아오는

7. The Steamboat Wreck

We spent the next days going down the river on our raft. During the days, we hid in the woods. If it was hot or raining, we stayed in our tent. At night, we floated down the river. We didn't need to paddle.* We hid when steamboats passed by. We passed many towns. We passed St. Louis, a very big city with lots of lights.

Every night, I went into the towns to buy some bacon or flour.* Sometimes, I'd steal a chicken. In the mornings before daylight, I went into fields and stole watermelons, pumpkins, or corn. We even hunted for ducks.

Five nights after we passed St. Louis, there was a terrible storm. It rained and rained. There was a flash of lightning* and we saw a wrecked steamboat.* It had crashed* on some rocks. We were heading straight toward* it.

"Let's go on it!" I said to Jim.

"No," he said. "It's too dangerous. Maybe

there's a watchman* on it."

"There's no watchman on it," I said. "It's close to sinking.* We might find something that could make us rich!"

Jim complained, but finally agreed. He said we must be quiet on the ship. The lightning flashed again, and we boarded* the steamboat.

We went to the captain's door. We heard some voices down the hall. Jim said he felt sick* and said we should leave. I followed him. Then I heard a voice say:

"No! Please don't. I won't tell."

Another voice said, "You're lying, Turner. You said that before. You always get more than your share. You've already joked too much. You are a mean, disloyal dog!"

Jim had run away to our raft. I thought about Tom Sawyer. What would he do? He wouldn't run away. So, I decided to stay also. I snuck over to where I heard the voices. I saw one man tied up on the floor. Two other men were standing

---

paddle 노를 저어 나아가다 flour 밀가루 a flash of lightning 번쩍하는 번개 wrecked steamboat 난파된 증기선 crash 충돌하다 head straight toward ⋯쪽으로 곧장 나아가다 watchman 야경꾼 close to sinking 곧 가라앉을 것 같은 board 승선하다 feel sick 속이 메스껍다

over him. One held a lantern. The other held a gun, and pointed it at the man's head on the floor.

He said, "I'm going to kill you now."

"Please don't, Bill," cried the man on the floor. "I won't tell!"

"You're right," said the man with the lantern. "You won't tell. Put your gun away,* Bill."

"I don't want to," said Bill. "I want to kill him!"

"I don't want him to die," said the man with the lantern.

"Thank you," said the man on the floor. "Thank you, Jake Packard. I'll always remember you for this."

Packard walked over to the other side of the room, near where I was hiding. He motioned* for Bill to come over. They drank some whisky and talked quietly.

Bill said, "I want to kill Turner. He'll tell. You know he will. I want to kill him."

"Me, too," Packard said.

"What?" said Bill, who was confused. "I thought you didn't want to kill him."

"Listen to me," said Packard. "Shooting is

good. But there are quieter ways to kill someone. Let's take whatever we can from this boat. Then, we'll leave him here. This steamboat will sink in a few hours with this rain. We'll wait on the shore until it sinks. Then we can't be blamed for[*] murder, because he drowned himself!"

"Great idea!" said Bill. "But what if the boat doesn't sink?"

"We'll wait and see."

"Okay," said Bill, "Let's go!"

They left and in the dark I went to find Jim.

"Quick, Jim," I said. "There are two murderers on that boat. Let's find their boat and push it down the river. Then, they'll be stuck on the boat and the Sheriff can find them! I'll search this side and you search the other. You can start where our raft is tied."

"Our raft?" said Jim in a worried voice. "It broke away![*] It floated down the river! We're stuck[*] on this boat!"

I almost fainted[*] from fear. We were stuck on

---

put... away …을 치우다 motion 몸짓으로 신호하다 be blamed for …라고 비난받다 break away 분리되다, 밧줄이 끊어져서 뗏목이 달아나다 be stuck 갇히다 almost faint 기절할 지경이다

the wrecked ship with two murderers. Now, we had to find their boat. We searched and searched, but couldn't find it. Jim almost gave up. But then we found their small boat. I was so thankful. We quietly went over to the boat. Then, one of the men stuck his head out of the door!* He didn't see me, though.

We hid. Packard and Bill got in their boat. Then Bill spoke:

"Hey, we forgot to take the money out of Tucker's pockets."

"That's right," said Packard. "Let's go back and get it."

They got out of the boat and went back on the wreck.* Then they went in the door and slammed it shut.* Jim and I quickly got in the small boat. I cut the rope and we floated down the river.

We didn't row. We just floated gently and quietly. Soon, we were far away and it was very dark. We knew we were safe.

We saw a lantern flicker* on the wrecked steamboat. Bill and Packard would now know their small boat was gone. They now knew they were in the same trouble as Turner.

Jim started rowing. I began to worry about the

three men. I said to Jim:

"In the next town we see, let's make a story so that someone will go help them."

But the idea failed. It began to rain again. This time, it rained even heavier than before. We went past* a town but there were no lights. Everybody must have been in bed because of the rain.

After a long time, the rain let up.* It was still cloudy. And there was still some lightning. We found our old raft. We put the stuff from the murderers' boat on ours. Then, we saw a light. I told Jim that I would go over to the light on the robbers' boat. I told him to float down the river on our raft and wait for me with a lantern.

I rowed over to the light and found a watchman asleep by a ferryboat landing. I pretended to cry to wake him up.

"What is it?" he asked after I had woken him up. "What's the matter, boy?"

"My mom, my dad, my sister," I cried. "They are all stuck on that wreck up the river!"

---

stick one's head out of the door 머리를 문 밖으로 내밀다 wreck 난파선 slam... shut …을 쾅 닫다 flicker (불빛의) 깜박거림 go past 지나쳐가다 let up (비 등이) 그치다

"Oh my!*" said the watchman. "I'd better go and rescue* them. You stay here."

When he left, I got on my raft and rowed down the river to find Jim. I knew the Widow would be proud of me for helping those three men.

But I soon knew I had been too late. The wreck came floating down the river. It was very deep in the water. I felt sad for* the robbers, but not too sad.

After a long time, I finally found Jim. The sun was beginning to rise, so we found an island. We hid the raft, and sunk the small boat and slept like dead people* on the island.

8. Lost on the River

When we woke up, we looked at robbers' stuff. We had boots, blankets, clothes, books, and other things, even three boxes of cigars. We were rich! We spent the rest of the day talking. We smoked cigars and I read aloud from the books. I told him everything I had seen and heard on the wreck. Jim said he had been scared to death* when I was gone. I thought that he would drown. And if he didn't drown, someone would save him and send him back to Miss Watson. She would sell him down South.

I read to Jim from the books. I read about kings and nobles,* and how they lived, dressed, and talked.

"The only King I know about is King Solomon," said Jim. "What do kings do all day,

---

oh my 이런, 맙소사   rescue 구출하다   feel sad for ···가 안됐다고 생각하다
sleep like dead people 죽은 듯이 자다   be scared to death 무서워 죽을
지경이다   noble 귀족

Huck?"

"Well, they sit around all day. If there's a war, they fight. When they're bored, they meet with parliament.* But mostly, they spend time in their harems.*"

"What's a harem?" asked Jim.

"That's where they keep all their wives. King Solomon had a harem. He had about a million wives."

Jim told me everything he knew about King Solomon from the Bible. We talked about how wise he was. Then I told him about King Louis the Sixteenth, who got his head chopped off* in France.

"Poor fellow," said Jim.

"Some people say he escaped to America," I said.

"That's good," said Jim. "But he'd be pretty* lonely here in America. There are no kings here. How could he get a job?"

"Well maybe he could be a policeman. Or maybe he could teach people to speak French."

"French people don't talk like us?"

"No. You wouldn't understand a word they said."

"Why is that?" asked Jim.

"Does a cat talk like us? Does a cow? No. It's natural.* So it's natural for a Frenchman to speak differently."

"Is a cat or a cow a man, Huck?"

"No," I answered.

"Is a Frenchman a man?"

"Yes."

"Then, why don't they talk like us?"

I gave up arguing with Jim.

We thought that it would take three nights to get to Cairo. Cairo was a town at the southern end of the state of Illinois. In Cairo, we would sell our raft and take a steamboat to Ohio. Ohio was a free state. There were no slaves there. Jim would be free and we would be safe.

On the second night, there was a thick fog.* We decided to tie the raft to some trees and wait on shore until the fog lifted.* The fog was so thick that I couldn't see. In the canoe I tried to tie the raft to* a tree, but the rope slipped out of* my

---

parliament 의회   harem (특히 이슬람교국의) 처 혹은 첩이 거주하는 방 chop... off ⋯을 잘라내다, 베다   pretty 꽤   natural 당연한   thick fog 짙은 안개   lift 걷히다   tie A to B A를 B에 매다   slip out of ⋯에서 빠져나가다

hand. The raft, with Jim on it, drifted down* the river.

I paddled after Jim and the raft. I shouted for* him. He answered. But I couldn't find him. Every time I called his name, Jim's answer seemed to come from a different location. Sometimes he was close. Other times he was far. We were both lost in the fog. I could see a little bit, and realized that Jim was on the other side of an island. He was moving faster than me.

Soon, I was in the middle of the river again. I shouted for Jim. There was no answer. I felt so tired, that I decided to sleep for twenty minutes. I would try to find Jim after I woke up.

When I woke up, the fog was gone and I could see many stars. I was floating fast down the river in my canoe. The river was now very wide and there were tall trees on both sides. Then, I saw a black dot.* I rowed over to it, but it was only a log. I saw another black dot. This time, it was our raft. Jim had his head in his hands and was sleeping. One of the oars* was broken and there were leaves and branches all over our raft. I knew that Jim had had a hard time.* I got on the raft and lay down next to Jim. Then I said:

"Jim, have I been sleeping?"

"Huck!" cried Jim. "You're alive! I thought you had drowned! Where have you been?"

"What's the matter, Jim?" I asked. "Have you been drinking whisky? Why are you saying such crazy things?*"

"Drinking? Crazy things? What do you mean?"

"You're talking about me going away. I've been here all night."

"Huck, tell me the truth. Did you get lost* in the fog or not?"

"Fog? What fog? There was no fog last night. If you didn't drink any whiskey, you must have had* a dream."

"How could I have a dream? I've only been asleep for ten minutes."

"But I was here the whole time."

Jim was silent for about five minutes. Then he spoke:

"Maybe it was all a dream. It sure seemed real, though. And I'm real tired now, just like it was

---

drift down 떠내려가다   shout for 큰 소리로 …을 부르다   dot 점   oar 노
have a hard time 고생하다   say crazy things 헛소리를 하다   get lost 길
을 잃다   must have+p.p. …였음에 틀림없다

real."

"Dreams can make you tired, too. It sounds like quite a dream. Tell me about it."

Jim told the whole story. It took him a long time to tell it. When he was finished, I asked him about the broken oar and the leaves and branches on the raft. Then, Jim realized that I had played a joke on* him. He knew that what happened was real. He spoke:

"Huck, why did you play that trick on* me? I was so worried when you were lost last night. And I was so happy when I found you here today. But you had to play a trick on me. You should be ashamed."

Jim turned away.* We were silent for fifteen minutes. Then I told him I was sorry. That was the last time I ever played a trick on Jim. I didn't want to hurt his feeling* again like that.

We slept most of the next day and went down the river that night. We figured we must be close to Cairo. Jim knew that he would be free in Cairo, so he was very excited. Every time we saw some lights, Jim grew more excited. But each little town was not Cairo. Jim talked about what he would do when he was free. He said he would save up money and buy his wife. His wife was sold and owned on a farm close to Miss Watson's house. Then, they would work together and save up* more money to buy their two children.

Then, Jim shouted, "There's Cairo! We're safe!"

"I'll take the canoe over and see, Jim."

"I'll be free soon, Huck. Free! I'll never forget you, Huck. You're the best friend I ever had. You're my only friend!"

I got in the canoe and paddled toward the shore. Jim shouted to me as I left:

"There you go,* Huck. You're the only white man that ever kept a promise to me."

As I paddled to the shore, a small boat approached. There were two men with guns in the boat. One of them said to me:

"What's that over there?"

"That's my raft," I answered.

"Is there anyone on it?"

---

play a joke on ⋯을 놀리다　play a trick on ⋯에게 못된 장난을 치다, 속이다　turn away 몸을 돌리다　hurt one's feeling ⋯의 기분을 상하게 하다 (= offend)　save up 저축하다　There you go 자, 어때, 잘 했어

"Just one man, sir."

"Well," the man began, "We're chasing five escaped slaves. Is the man on the raft white or black?"

I couldn't speak. The words didn't come to me.* Finally, I said:

"He's white."

"We'd better go check,*" said the man.

"I hope you do," I said. "That's my dad on that boat. Maybe you can help me bring him to shore. You see, he's very sick. And so is my mom and my sister."

"We're in a hurry! But I guess we must help. Let's go."

We began to row over to the raft. After a little bit, I said:

"My dad will be happy to see you. Everybody runs away when I ask for help taking him to the shore."

"That's not nice," said the man. "That's strange, too. What's the matter with your father?"

"It's the... a... well, it's nothing much.*"

They stopped rowing. One of them said:

"You're lying, boy. Tell us the truth about your

father. What's the matter with him? Just tell us the truth."

"I will, sir. I promise. But, please... please don't leave us. Please help us."

"Let's go back," said one man. "Boy, get away from* us. Your father has smallpox.* You know it. Why didn't you tell us?"

"Well," I said crying. "I told everyone before and they left."

"We're sorry we can't help you, boy. We really are. We just don't want to catch* smallpox. Why don't you go down the river another twenty miles or so? It'll be daytime when you get to a town. Some people there can help you. Your father's probably really poor. I'd like to help. Here's twenty dollars on this board. When it floats by, pick it up. I'm afraid of smallpox."

"Hold on,*" said the other man. "Here's twenty dollars from me, too."

"Bye-bye," said the first man. "And look for any escaped slaves. Tell someone if you see any.

The words didn't come to me. 말이 나오지 않았다. go check 가서 확인
하다(= go and (to) check) get away from …에서 멀찌감치 떨어지다 small-
pox 천연두 catch …에 걸리다 hold on (명령문) 기다려

You can get some money that way."

"Good-bye, sir," I said. "I won't let any escaped slaves get by me."

They went away and I went to the raft. I felt bad for telling a lie. But then, I thought that I'd feel worse if I told about Jim. I was a bit confused about right and wrong. So I decided in the future that I'd just do whatever was easiest at the time.

I couldn't find Jim on the raft. I looked around, but didn't see him. So I said:

"Jim!"

"I'm here, Huck. Are they gone? Talk quietly."

Jim was in the river, holding on to* the raft. I told him they were gone. He got back on the raft and said:

"I listened to everything. You sure did trick them,* Huck! That was smart! You saved me. I'll never forget you for that."

We talked about the money. Twenty dollars each was very good. Jim said that that would be enough to buy our steamboat tickets. There would be money left over* for a long time in the free states. We had twenty miles more to go. It wasn't far, but Jim wanted to be there soon.

Before dawn, we went to the shore. Jim hid our raft. We put all of our things in bundles.* We were ready to stop rafting.*

That night about ten, we walked toward some lights of a town by the river. I went in the canoe to ask about it. Soon, there was a man in a small boat.

"Sir, is that town Cairo?" I asked.

"Cairo? No. You must be a fool!"

"What's the name of that town, sir?"

"Go find out yourself. Stop bothering me!"

I rowed back to Jim and we decided to go on the raft down the river. That night, we passed another town, but it was on high ground.* Jim said that Cairo was on low ground. We went to shore when day came. I was getting worried and so was Jim. I said:

"Maybe we passed Cairo on that foggy* night."

"Let's not talk about it," said Jim. "I've got very bad luck."

Daylight came. I could see clear water on one

---

hold on to ⋯을 꼭 붙잡다 You sure did trick them 넌 정말로 멋지게 (근사하게) 그들을 속였어 leave... over ⋯을 사용하지 않고 놔두다 in bundles 다발로 raft 뗏목을 타고 가다 on high ground 고지대에 있는 foggy 짙은 안개가 낀

side of the river, and muddy water* on the other. The clear water came from the Ohio River. The muddy water was from the Mississippi. This meant that we had passed where the Ohio River joined the Mississippi River. We had gone too far! Cairo was up the river! We had passed it!

We discussed what we could do. It would be too dangerous to walk. It would be impossible to take the raft up the river. We would have to row the canoe up the river. We went to sleep in the woods, so that we would be rested* at night. When night came, we went back to our canoe, but it was gone!

We were speechless.* After some time, we talked about what we could do. We decided to go down the river on the raft and buy a canoe when we could. So we floated down the river on our raft.

It was a dark night. We didn't see anyplace that had canoes for sale. Then we heard a steamboat coming up the river in our direction. We heard the loud sound before we saw it. When we finally saw it, it was right before us. Jim jumped off one side of the raft and I jumped off the other.

I dove under the water so the steamboat could

pass over me. When it did, I went to the top. I called Jim's name a dozen or more times,[*] but there was no answer. I floated down the river.

---

muddy water 흙탕물 be rested 휴식을 취하다 speechless 말이 없는 a dozen or more times 십수 차례 이상

9. The Family Feud

After some time I went on the shore. I tried to walk past a big old log house, but some dogs jumped out and went to howling[*] and barking at me. I knew better than to[*] move. About half a minute later, someone spoke from inside the house:

"That's enough, dogs. Who's there?"

"It's me," I said.

"Who's 'me'?"

"George Jackson, sir."

"What do you want?"

"Nothing, sir. I just want to pass by, but the dogs won't let me."

"Why are you walking around this late at night?[*]"

"I fell off the steamboat, sir."

"You did? Somebody turn on a light. What did you say your name was?"

"George Jackson, sir. I'm just a boy."

"If you're telling the truth, don't be afraid. Stay

where you are. Bob! Tom! Everybody! Wake up!
Get the guns. George Jackson, are you alone?"

"Yes, sir."

I heard people moving in the house. Then I saw
a light. The man spoke again:

"Turn off that light, Betsy. You fool! Bob?
Tom? Are you ready? Take your places.* Now,
George Jackson, do you know the
Shepherdsons?"

"No, sir. I never heard of them."

"Well, maybe you're lying and maybe you're
not. Come forward.* Come slowly into the
door."

I walked as slowly as I could. There was no
sound. I thought I could hear my heart. The dogs
and people were all quiet. When I got to the
door, someone said:

"Just put your head in."

There was a candle on the floor and a room full
of people. They stared at me for fifteen seconds.
Three big men had their guns pointing at me.

---

howl (개, 늑대가) 울부짖다   know better than to …할 만큼 어리석지 않다
walk around this late at night 밤에 이렇게 늦게 어슬렁거리며 돌아다니다
take one's place 제 자리를 지키고 있다   come forward 앞으로 나오다

One was in his sixties and the other two in their thirties. They were all handsome. There was a sweet-looking[*] old lady and back of her two girls I couldn't see very well. The old man said:

"Okay. Come in."

Once I was in, they locked the door. They took the candle and looked at me. The old man said:

"He's not a Shepherdson. He doesn't look at all like a Shepherdson."

They searched me for guns and told me to relax and feel at home.[*] Then the old lady spoke to her husband:

"Saul, the poor boy is wet and he looks hungry." She turned to a slave woman and said, "Betsy, make him some food." Then she said to her daughters, "Girls, go wake up Buck and tell him to get some dry clothes for this boy."

Buck came in the room. He was thirteen or fourteen years old, like me, but a little bit bigger. He was still sleepy. He took me upstairs to his room and gave me some clothes. He started talking about some animals he had caught in the woods. He continued talking:

"How long will you stay? I hope you stay forever. We'll have a great time. It's school break[*]

now. I've got a dog, do you? Do you like dressing up for church on Sundays?* I don't, but my mom makes me. Put on your clothes. Let's go."

They gave me some great food. It was the best I had ever eaten. Buck and his parents smoked pipes and talked. Betsy, the slave woman, was gone. The two girls had quilts* over them and long hair down their backs. They asked me some questions and I made up a story that my brothers and sisters had run away and my parents had died. They said I could stay and live with them. When the sun rose, everybody went to bed. I went to Buck's bed.

When I woke up, I forgot what name I had told them. So I thought of a way. When Buck woke up, I asked him:

"Buck, can you spell?"

"Yes," he said.

"Can you spell my name?"

"Sure. It's G-o-r-g-e J-a-x-o-n."

"You did it. Good job!"

---

sweet-looking 상냥해 보이는 feel at home 편안하게 생각하다 school break 방학 dress up for church on Sundays 일요일 교회 가려고 옷을 차려입다 quilt 누비 이불, 누벼서 만든 것

It was a very nice family and a very nice house. They had nice furniture, clocks, tables, and many books, including the Bible. There were many pictures on the walls. There was a picture of a daughter who had died. Underneath* the picture, it said, "Will I Never See You Again?" I learned that her name was Emmeline Grangerfield. Emmeline wrote poems before she died, and they showed me some.

It was a big, double house. It was cool and comfortable. And the food was delicious and there was lots of it!

Colonel Grangerfield was the father. He was a gentleman. He was tall and slim and had black hair. He was a handsome and serious man, and everybody respected him. The children always obeyed* their father and mother.

Bob was the oldest son and Tom next. They were tall and handsome and had black hair like their father. They dressed like gentlemen.

Miss Charlotte was twenty-five. She was tall and serious like her father. She was beautiful.

Her sister, Miss Sophia, was beautiful, too. But she was different. She was gentle and sweet, like a dove. She was only twenty.

Everybody, even Buck, had his or her own personal slave. The slave they assigned to* me had an easy time,* because I was used to doing things for myself.

The family used to be bigger. Three sons had died, and so did Emmeline.

Colonel Grangerfield owned many farms and had over one hundred slaves. Sometimes there would be big picnics, parties, or dances, and many, many people would come. Most of them were relatives. They always brought their guns.

There was another family in the area called the Shepherdsons. They were as rich as the Grangerfields. The Shepherdsons and the Grangerfields used the same ferry landing nearby.*

One day, I was hunting in the woods with Buck. We heard a horse coming. We were crossing the road. Buck said:

"Quick!* Hide in the woods!"

A boy I had seen before rode on the horse. His name was Harney Shepherdson. Before I knew

---

underneath ⋯의 밑에 obey ⋯의 말에 복종하다 assign A to B A를 B에
배정하다 have an easy time 편한 생활을 하다 nearby 바로 가까이에, 근처
에 Quick! 빨리, 서둘러!

it, Buck shot his gun at the boy. The bullet* knocked Harney's hat off* his head. We ran away and Harney fired his gun at* us. I had to dodge* the bullet. We ran all the way home. Buck told his father what had happened and his father seemed proud.

Once Buck and I were alone again, I asked him a question:

"Buck, did you want to kill Harney?"

"Yes, of course."

"Why? Did he do something bad to you?"

"No."

"Then why did you want to kill him?"

"Because of the feud.*"

"What's a feud?" I asked.

"Well," said Buck, "it's like this. One man has a fight with another man and kills him. Then, the dead man's brother kills the first man. Then the other brothers kill each other. Then the cousins join in. It continues until everyone is dead. Then, the feud is over. It's slow. It takes a long time."

"How long has this feud been going on, Buck?"

"Well, it started about thirty years ago or more. There was a lawsuit.* One man lost and he killed the man who won the suit. That's natural."

"What was the lawsuit about, Buck? Land?"

"Maybe. I don't know."

"Who started it? The Shepherdsons or the Grangerfields?"

"I don't know. It was a long time ago."

"Does anybody know?"

"Oh yes. My dad knows. I'm sure other old people know. But no one knows why the fight started."

"Have many been killed?"

"Yes. There have been many funerals. And many people have been hurt. My dad has been hurt and so have Bob and Tom."

"Has anybody been killed this year, Buck?"

"Yes. We got one and they got one. Three months ago, old Baldy Shepherdson shot my cousin Bud, who was fourteen years old. Our family got revenge,* though. In a week, Baldy was dead."

We all went to church on the next Sunday. We

---

bullet 총알 knock... off …을 쳐서 떨어뜨리다 fire one's gun at …에게 총을 발사하다 dodge 피하다 feud (여러 대에 걸친 가족 간의) 원한, 불화 lawsuit 소송 get revenge 복수하다

rode there on horses and all the men took their guns. The minister spoke about brotherly love.[*]

After dinner,[*] sweet Miss Sophia asked me to do something for her. She said that she had left her Bible at the church. She asked me to go get it for her and not tell anyone. I said I would. I snuck out and went to the church.

When I found her Bible, a note[*] of a piece of paper fell out. It said, "Half past two." I put the note back in the Bible. When I got home, she opened her Bible and took out the note and read it. She looked very happy. She hugged me and said I was the best boy in the world. She told me again not to tell anyone. Her face turned red and her eyes lit up.[*] She looked very pretty. I asked her what the note was about. She asked if I had read it and I said no. She said the paper was just a bookmark.[*]

I left and went down to the river to play. Jack, the slave who served me, followed behind me. He came up to[*] me and said:

"Mister George, follow me to the swamp.[*] I want to show you a bunch of[*] snakes I found."

I was curious. He had said the same thing yesterday. Why did he want to show me snakes? I followed him for about half a mile. We came to an area that was thick with* trees, bushes,* and vines and he said:

"They're right in there. I don't want to see them again."

He went away. I went into the trees and found an open area as big as a living room. There was a man sleeping on the ground. It was my old friend Jim!

I woke him up. He was very happy but not surprised to see me. He said that he had been hiding because he was afraid of being caught. He didn't want to be sent back to slavery again. He said:

"I got hurt and couldn't swim fast. I tried to follow you, but I was too slow. I saw you go into that house. So I waited in the woods all day. In the morning, I saw some of the slaves. They hid me here. They bring me food everyday and tell me about you."

"Why didn't you tell Jack to get me sooner?"

"Well, I've been busy. Every night I fixed the

---

brotherly love 형제애, 우애　dinner 하루 중 가장 중요한 식사; 여기서는 점심
note 쪽지　light up 반짝이다, 밝아지다　bookmark 서표(읽던 곳을 찾기 쉽도
록 끼워 두는 쪽지)　come up to …에게 다가오다　swamp 늪, 습지　a
bunch of 한 무리의…　thick with …가 무성한　bush 관목, 덤불

raft."

"What raft, Jim?"

"Our old raft."

"It wasn't destroyed?"

"No. It was broken up,* but I was able to fix* it."

"How did you find it?"

"I didn't, Huck. Two slaves did. They told me about it and I gave them ten cents each.* They were so happy. These slaves are taking good care of* me. Jack's a good man."

"He is. He's smart, too. He never said you were here. And he never saw us together. If someone asks him if he saw us together, he can say no and it would be the truth."

The next day was not good. I woke up early and everything was quiet. I noticed Buck was gone and the house was empty. I found Jack and said:

"Where is everyone?"

"Don't you know, Mister George?" he asked.

"No, I don't. Tell me."

"Well, Miss Sophia has run away. Last night, she ran away to go get married to* Harney Shepherdson! The family found out about a half

I climbed up into a tree and watched some men
on horses shooting at some boys.

---

be broken up 부서지다 fix 고치다 each 각각 take good care of …을
잘 돌보아주다 get married to …와 결혼하다

hour ago. All the men rode off on horses with their guns. The women went to get other relatives. They're going to kill Harney Shepherdson! There will be some rough times ahead.*"

"Buck didn't wake me up."

"I think he didn't want to get you involved in this mess.*"

I ran to the river and heard the sounds of guns. I climbed up into a tree and watched the fighting. Some men on horses were shooting at some boys hiding behind a fence. The boys were shooting back. One of the men got hit by a bullet and fell off his horse. The other men jumped off their horses to help the hurt man. When they did, the boys ran away. They ran over and hid under my tree. The men rode around, but couldn't find the boys. They rode away.*

I noticed one of the boys was Buck. I called down to* him. He was surprised to hear me. Buck was crying. He said that his father and two brothers had been killed. Two or three of the enemy also died. Buck said he would get revenge. I asked about Sophia and Harney. Buck said they had escaped across the river safely. I was happy to hear that. But Buck said he wished he had killed Harney the other day.

And then I heard the sound of guns. The men had come back. Buck and the boys ran away and jumped in the river. I felt sick watching all this. I won't tell everything I saw next. It makes me sick thinking about it. I wish I never came on shore that evening to see these things. I try to forget what I saw, but can't. I often dream about it.

I stayed in that tree until it was almost dark. I heard the sound of guns off and on* all day. I saw men ride by a couple of times. I felt sad. I decided I would never go back to that house again. I thought it was my fault. That piece of paper was a message to Sophia from Harney to meet at half past two. I should have told her father about it. Then, maybe this terrible mess wouldn't have happened.

I came down from the tree and walked to the river. I found two dead bodies. They were lying face down.* I turned them over.* I cried when I

There will be some rough times ahead. 앞으로 고생하게 될 것이다. mess 분규, 혼란 ride away 말을 타고 가버리다 call down to 아래쪽으로 …을 큰소리로 부르다 off and on 때때로, 불규칙적으로(= on and off) lie face down 엎드려 있다 turn... over …을 뒤집다

saw Buck's face. He had always been good to me.

Now, it was dark. I stayed away from that house. I went looking for Jim, but he was gone. I wanted to go far away. I was scared. I yelled. Then I heard a voice about twenty-five feet away:

"Is that you? Be quiet!"

It was Jim's voice, the best sound I ever heard. I went over to the river and got on board our raft.* Jim grabbed* me and hugged me. He was so happy to see me. He said:

"Bless you, Huck. I thought you were dead again. Jack came here and said he thought you had been shot. He came back again and told me you were dead for sure.* I was going to leave by myself.* I'm so happy you're alive."

"That's good," I said. "They'll think I'm dead and floated down the river. They won't try to look for me. Let's leave."

I didn't feel safe until we were about two miles away and in the middle of the Mississippi River. We lit our lantern and Jim cooked some wonderful food. We talked as we ate. I was happy to leave the feud and Jim was happy to leave the swamp. We said that a raft was the best home. You feel free and easy* and comfortable on a raft.

---

get on board our raft 우리 뗏목에 올라타다 grab 붙잡다, 움켜쥐다 for sure 확실히 by oneself 혼자 easy 편안한

10. Meeting a Duke and a King

Two or three nights passed by. They were quiet, smooth and lovely. The river was very wide. We floated on the river at night, and hid in the woods during the day. We swam in the mornings. We fished and cooked them for breakfast. There were very few boats on the river. Sometimes at night, we'd see a candle in a cabin on shore or from another raft. Life on a raft is wonderful. We watched the stars. Jim and I talked about whether the starts were made or just happened. Jim said they were made. I said they juts happened because there were too many of them.

Once or twice a steamboat passed by us. When it did, the waves rocked[*] our little raft. After midnight, when people went to sleep, the shores were black. When we saw some lights, we knew dawn was coming. Then, we found a place to hide for the day.

One morning, I found a canoe. I rowed to the

shore to look for some berries. Near the shore, I came across* a couple of* men who were walking on a path.* I was worried they were looking for me, or perhaps Jim. I was about to run away, but then they asked for help. They said some people and dogs were chasing them, even though they had done nothing wrong. They wanted to jump in my canoe. I said:

"Don't jump in. I don't hear any dogs or horses. You have time. Walk in the water so that the dogs will lose your scent.* Then you can get in the canoe."

They did as I said and got in. A few minutes later we heard the sound of dogs barking and men shouting. We couldn't see them, though. And they couldn't see us. So we paddled away to safety.*

One of the men was about seventy. He was bald* and had a grey beard. His hat and clothes were very old. The other man was about thirty and dressed the same. After breakfast, we left on

---

rock 흔들다   come across 우연히 마주치다   a couple of 두 사람 (개) 의, 두
세 사람 (개) 의   path 좁은 길   scent (사람, 동물 등이 지나간 뒤의) 냄새 흔적   to
safety 안전한 곳으로   bald 대머리의

our raft. We learned that the two men didn't know each other.

"Why are you in trouble?" asked the bald man to the other man.

"Well, I was selling some fake teeth cleaner. The people who bought it chased me out of town.* Then, I ran into* you. What's your story?"

"Well, I was holding some religious meetings about the bad effects of drinking whisky. I could collect as much as five or six dollars a night.* It was good business. On the last night, I spent the money on a jug* of whisky. When people heard about this, they chased me out of town."

"Old man," said the young one, "we could make a good team."

"That's a good idea. What work do you do, mainly?"

"I'm a printer. I also sell fake* medicine and do some acting. I can do a lot of things. How about you?"

"I've been a doctor and a fortune-teller.* I also do preaching.*"

Everyone was silent. Then, the young man sighed.

"What are you sighing about?" asked the old

man.

"I'm thinking about my life. I've gone from so high to so low.[*]"

"What are you talking about?"

"Oh, you won't believe me. No one believes me. It is the secret of my birth."

"The secret of your birth? What do you mean?"

"Gentlemen," said the young man seriously. "I am a duke!"

Jim and I both looked very surprised and the older man asked, "Is it true?"

"Yes. My great-grandfather[*] was the eldest son of the Duke of Bridgewater. He came to this country at the end of the last century to enjoy freedom. He got married and died after having a son. Back in the home country, the second son of the duke took all the land and property. The little baby here was the rightful[*] duke. I am the lineal descendant[*] of that baby. I am the rightful Duke of Bridgewater. Now, here I am, being chased by men and floating on a raft."

---

chase... out of town …을 마을 밖으로 내쫓다   run into 우연히 만나다
jug 큰 술병   fake 가짜의   fortune-teller 점쟁이   do preaching 설교를 하
다   go from so high to so low 영락하다   great-grandfather 증조부
rightful 정통의, 합법적인   lineal descendant 직계 후손

Jim and I pitied* the man and tried to comfort him. We spoke to him very politely because he was royalty.* The old man was quiet all day. He looked uncomfortable. He seemed to be thinking of something. Then, in the afternoon, he said:

"Look here, Bridgewater. You're not the only one with such troubles."

"No?"

"I have a secret, too. I am the son of Louis XVI and Marie Antoinette. I am Louis XVII, the rightful king of France!"

He began to cry. Jim and I didn't now what to do. We felt so sorry for him. We spoke politely to him, too. The Duke didn't seem to like this. Then the King spoke:

"We are all together on this raft. Let us put our hands together and be friends."

The Duke did so. Jim and I were happy to see this. We wanted everyone to get along* on the raft. But a little later I made up my mind that these two were not a duke and a king. They were liars. They were bums.* I didn't say anything, because I didn't want any trouble. One thing I learned from my dad is that if you want to get along with people, you let them have their own way.*

They asked about us. They asked if Jim was a runaway slave. I said:

"Of course not. Why would a runaway slave head south?*"

This convinced* them. Still, I had to make up a story, so I said:

"My father and brother were on this raft. But we were hit by a steamboat. Now, it's just our slave, Jim, and me. Everybody thinks he's a runaway slave, so we have to be careful and travel at night."

Then, the duke said:

"Let me think of a plan that will allow us to travel by day.* I'll think of it by tomorrow."

That night, we went to sleep on the raft. The duke and the king argued about who would sleep where. Jim and I stayed awake during a big storm. When the storm was over, daylight came. Jim hid in the tent on the raft.

When the king and the duke woke up, they

---

pity 가엾게 여기다, 동정하다   royalty 왕족의 일원   get along (with) ⋯와 사이좋게 지내다   bum 떠돌이, 건달   have one's own way 자기 뜻대로 하다   head south 남쪽으로 향하다   convince ⋯에게 먹히다   travel by day 낮에 여행하다

played cards. The duke told the king about Shakespeare's play. He suggested that he and the king practice some scenes from the plays. Then, they could perform and make some money in one of the river towns.

We found a small town at a bend* in the river and went on shore. The duke went to find a printing office. When he came back, he had a piece of paper that said: "Runaway Slave – $200 Reward." Below it was a description* of Jim.

"Now, we can travel by day," said the duke.

We went back to the raft. We all agreed that the duke was pretty smart. Later that day, Jim asked the king to speak French. Jim wanted to hear what it sounded like. But the king said he had been in America too long, and had forgotten French.

As we floated down the river, the duke continued teaching the king about Shakespeare's plays. The duke had memorized Romeo and Juliet, Hamlet, and Richard III. He recited* many lines* from them and the king learned them.

In one of the towns in Arkansas, the duke had some posters made. The posters announced a "Shakespeare Revival" that would include scenes from the three plays. The cost would be twenty-five cents per ticket.

We went about* the town putting up* posters on fences and in store windows. The town seemed very poor. Its stores and houses were made of old wood that had never been painted. The houses had gardens, but they were full of weeds and old boots and shoes, broken bottles, and other garbage.* Its people spoke a strange kind of English that we had trouble understanding. They swore* a lot.

The streets were made of mud. Pigs ran around everywhere. Some of them lay down in the middle of the street. Some people would make their dogs bite the pigs. Other people sat around and watched dogfights.*

As it got close to noon, more and more wagons* and horses came on the streets. In some of the wagons, families were eating their lunch. In other wagons, groups of men were drinking.

"Here comes old Boggs," someone shouted.

---

bend 만곡부   description (범인 등의) 인상 착의   recite 암송하다   line 대사
go about 돌아다니다   put up (포스터 등을) 내걸다, 붙이다   garbage 쓰레기   swear 욕하다   dogfight 개 싸움   wagon 짐마차

"He's come from the country to get drunk, like he does every month."

The other people looked happy. It seemed they liked to make fun of Boggs. One of them said:

"I wonder who he's going to try to fight this time."

Another one said, "I wish he'd try to fight me."

Boggs came riding in loudly on his horse. He was screaming like an Indian. Then, he shouted:

"Move out of the way! I'm ready to fight!"

He was drunk, and wobbled* in his saddle.* He was over fifty years old and had a very red face. Everyone yelled at him and laughed at him. They mocked *him. He said he had come to town to kill Colonel Sherburn.

Then, he saw me. He rode up to* me and said:

"Where are you from, boy? Are you ready to die?"

Then, he rode away. I was scared, but a man said to me:

"He doesn't mean anything. He always acts like that when he's drunk. He's the nicest fool in the state. He's never hurt anybody."

Boggs rode up to the biggest store in town. He bent his head down so that he could see in the window. He shouted:

"Come out here, Sherburn. Come meet the man you cheated.* You're the dog I'm looking for!"

He continued calling Sherburn all kind of terrible names. The streets were filled with people. They were listening and laughing. Then, a very proud-looking man came out the door. He was about fifty-five years old. He was the best-dressed* man in that town. The crowd let him through.* He said to Boggs, very slowly and calmly:

"I'm tired of this. But I'll endure it until one o'clock, but no later than* that. If you say something against* me after that, I'll come after you wherever you go."

He went back inside. The crowd was serious now. Nobody laughed. Boggs rode away, shouting bad words about Sherburn. Then, he came back, shouting the same things. Some men came around him and tried to make him be quiet. He refused. He shouted more swearwords* about

---

wobble 비틀거리다 saddle (마구의) 안장 mock 흉내를 내다 ride up to
말을 타고 ⋯쪽으로 오다 cheat 속이다, 사기치다 best-dressed 최고로 옷을 잘
입은 let... through ⋯을 통과시키다 no later than ⋯이후에는 안 되는, ⋯까
지는 say something against ⋯의 욕을 하다 swearword 욕, 저주

Sherburn. Other people tried to stop him. Some-body shouted:

"Go get his daughter! Quick! Sometimes he lis-tens to her. Only she can convince* him."

Somebody ran off. I started walking down the street. Five or ten minutes later, I saw Boggs again. He was not on his horse. Two friends were taking him away by the arms. He was quiet. Then, somebody shouted:

"Boggs!"

I looked to see who it was. It was Sherburn, and he was holding a gun. At that same time, I saw a young girl run in with two men. Boggs and his friends turned around to see who shouted his name. When they saw Sherburn with his gun, Boggs threw his arms in the air* and shouted:

"Oh Lord!* Don't Shoot!"

Bang! Bang! There were two shots and Boggs fell to the ground. The young girl screamed and ran over to her father. She was crying and said:

"He's dead! He's dead!"

The crowd ran over to look at him. Someone said:

"Back, back! Give him air!"

Colonel Sherburn dropped his gun and walked

away. The people took Boggs to a drugstore. The whole town followed. I ran up and watched from the window. Boggs was still alive. But soon, he took his last breath,* and died. His daughter screamed and cried. They took her away. She looked to be about sixteen years old. She looked very sweet and gentle, but pale and scared.

Everybody in the town gathered. They talked and talked about what had happened. Some people reenacted* the crime. Then, someone suggested that they had to hang* Sherburn. People took every clothesline* they could find and went to find him.

They went to his house screaming like Indians. It was a terrible crowd. Everybody watched as they marched down the street. They gathered in front of Sherburn's house and started shouting:

"Tear down* the fence! Tear down the fence!"

They began to tear down the fence when Sherburn appeared on the roof of his house. He

---

convince 설득하다   throw one's arms in the air 팔을 허공에 휘젓다   Oh Lord! 오 이런, 세상에!   take one's last breath 마지막 숨을 들이쉬다   reenact 사건을 재현하다   hang 교수형에 처하다   clothesline 빨랫줄   tear down 부수다

had a shotgun in his hands. He didn't say a word. Everyone was quiet and the crowd began to back away.* Sherburn didn't say anything. He just looked at the crowd. Then he laughed. But it was not a nice laugh. Then, he said, slowly and meanly:

"I'm not afraid of you. You are a bunch of cowards.* I am safe among you because I am a man. You won't do anything to me. You didn't want to come after me. No one likes trouble and danger. You don't like trouble and danger. But if just one man says 'Hang him!' you all follow. You follow because you are afraid to be seen as cowards. Now. All of you go home!"

Sherburn finished saying this and cocked* his gun. Suddenly everybody turned around and ran in every direction.* I could have stayed if I wanted to, but I went away, too.

The next day there was a circus in town. It was the best circus I ever saw. It began with a group of dancers. The dancing girls were the most beautiful girls I had ever seen.

That same night we had our show. Only twelve people showed up. It was supposed to be a serious play, but the people laughed. This made the duke angry. He said Arkansas people were stupid. He came up with* a new idea. He printed a new poster for a "Comedy Show" and raised the price to fifty cents. At the bottom of the posters, he printed the words: "Women and Children not Allowed!"

"Now, that will attract a lot of Arkansas customers," he said.

The next day the king and the duke prepared the stage. They practiced their lines all day. They came up with some new ideas to make the play funny. That night, the place was full. When the play started, the king came out walking on his hands and feet. He wasn't wearing any clothes, but his body was painted in many different colors, like a rainbow. The crowd laughed out loud.* When he finished, the crowd clapped* and shouted for more. So the king came out and did the same thing again. Then, the crowd made him do it a third time. Even a cow would have laughed.

---

back away 뒤로 물러서다 a bunch of cowards 겁쟁이 무리 cock 총의 격철 (공이치기) 을 잡아당기다 run in every direction 사방으로 흩어지다 come up with 제안하다 out loud 큰 소리로, 소리내어 clap 손뼉을 치다

The duke came out and closed the curtains. He said that that was the end of the show. Twenty people screamed:

"What? Is that the end?"

The king came out not wearing any clothes.
His body was painted in many different colors.

The duke said yes. The crowd looked angry. They stood up and shouted, saying they had been cheated. They seemed that they would attack the stage and the duke and the king. A big man stood up on a bench and shouted:

"Hold on,* everybody. We have been cheated. That is for sure.* But we don't want other people in the town to laugh at* us, do we? Let's tell the rest of the town that it was a great play! Then, we'll all be in the same boat.* Isn't that smart? Let's go tell everyone what a great play it was!"

The second night was sold out* again. The third night was also full.* This time, it was folk* of men who had seen the play on the first two nights. I saw their pockets were full. I could smell rotten* eggs and rotten cabbages* and such things. We all knew they were planning to attack us with rotten food. We started to leave from the back stage door. The king said:

"Walk fast until we get past* the houses. Then, run as fast as you can to the raft!"

---

hold on (명령문에서) 기다려 for sure 확실한 laugh at …을 비웃다, 조롱하다
in the same boat 같은 처지에 있는, 동병상련의 sold out 매진의 full (객석
이) 가득 찬, 만원의 folk 사람들 rotten 썩은 cabbage 양배추 get fast
지나치다

We got to the raft at the same time. We pushed off* in two seconds.* We floated down the river without speaking. They counted their money. The duke and the king had taken in* four hundred and sixty-five dollars in three nights. I never saw money made so easily.

11. The Wilks Family

The next day, the duke and the king wanted to try the same trick again. But they were worried that the news had spread. The duke said he would think of a new trick.* But he needed a few hours to think, so the king proposed to go to the nearest town. We had all bought store clothes where we stopped last. Now the king put his clothes on, and he told me to put my clothes on. Of course I did it. The king looked really grand and good and pious.* The king told me that he and I would take the canoe to where we could catch a steamboat. I was always excited to take a steamboat. As we rowed, we saw an innocent-looking* country boy sitting on a log by the river. The king said:

"Where are you going, young man?"

---

push off 배를 기슭에서 밀어내다, 떠나다   in two seconds 2초 안에   take in (수입으로) 얻다   trick 속임수   pious 신앙심이 깊은   innocent-looking 천진난만해 보이는

"I'm going to take the steamboat to New Orleans."

"We come on board. We'll take you there."

"Are you Mr. Wilks?" asked the boy.

"No," said the king. "I'm the Reverend* Alexander Blodgett and this is my servant Aldolphus."

The young man then told us about Harvey Wilks. His brother, Peter, lived in the town. He had just died the day before. There was another brother, William. He was deaf and couldn't speak. Peter's brothers were coming to see him, but didn't arrive before he died. Their other brother, George, also died the year before. Peter had written a letter for Harvey saying where his money was hidden. He wanted to leave his money and property* for his brothers and for his daughter, Mary Jane, and for George's two girls.

"Why hasn't Harvey come yet?" asked the king.

"He lives in England, in Sheffield. He's a preacher* there. He's never been to this country. Maybe he never got that letter."

"That's too bad he didn't arrive before his brother died. By the way, you said you are going to New Orleans?"

"Yes. But that's just the beginning. From there I'm going to Rio de Janeiro, where my uncle lives."

"That will be a nice trip," said the king. "I wish I were going. Tell me about the daughters."

"Well, there's Mary Jane, nineteen, Susan, fifteen, and Joanna, fourteen."

"Poor girls," said the king, "They're all alone in the cold world."

"Well, they don't have it so bad.* Peter's had lots of friends in town." He gave a list of names.* "They are all taking care of the girls."

The old man kept asking questions until the boy seemed very tired. He learned about everyone in the town. He learned that Peter Wilks was very rich and that his funeral would be tomorrow.

When we got to the steamboat, the boy got off. We never got off our canoe, so I lost my steamboat ride. Instead, the king told me to row back*

---

the Reverend ···목사 (신부)   property (상당한 가치가 있는) 소유물, 부동산
preacher 목사, 설교사   have it bad 힘든 생활을 하다   give a list of
names 이름을 열거하다   row back 노를 저어 돌아가다

and get the duke. I knew his plan, but didn't say anything.

When I got back, the king told the duke the whole story about Peter Wilks. As he told the story, he spoke with an English accent. The king said:

"Duke, you are going to be William. Remember, you're deaf and you cannot speak. Can you do that?"

The duke said he could do. He said he played a deaf and dumb person[*] on the stage.

When we arrived in the town, about two dozen[*] men came to see us. The king said:

"Can any of you gentlemen tell us where Peter Wilks lives?"

The men looked at each other and one of them spoke:

"I'm sorry sir. The best we can do is tell you where he lived until yesterday evening."

The old man started to cry and said:

"Our poor brother! He's gone. And we could never see him. This is too hard![*]"

He kept crying and made some foolish signs with his hands to the duke. The duke, too, started to cry.

The men of the town tried to comfort them. They carried their bags into the town. They told the king about how Peter had died. The king made the same foolish signs with his hands to the duke. I had never seen anything like this before. It made me ashamed of* the human race.*

The news spread all over town.* A crowd gathered. People whispered:

The king went up to hug Mary Jane
and the duke did so with another daughter.

---

play a deaf and dumb person 귀머거리이자 벙어리 역을 하다   dozen 12명
의   hard 가혹한   ashamed of …을 부끄러워하는   the human race 인류
spread all over town 마을 전체에

"Is it them?"

"Yes it is," was the answer.

We got to the house and the three girls were waiting outside. Mary Jane was the most beautiful girl I had ever seen. She had red hair and bright eyes. The king went up to hug her and the duke did so with another daughter. The people of the town were happy to see such a tender* scene. Some women even cried for joy.

The king and the duke walked over to the coffin.* They looked very serious. Everybody there was quiet. They stood before the coffin and began to cry loudly. They knelt down* and pretended to pray. Everyone else started crying, too. The king stood up and made a speech about his poor dead brother. He mentioned all the names the young man told him.

Then Mary Jane went to get the letter her father had written. The king read it out loud and cried again. He said that Peter had wanted the money divided between his brothers and the three girls. It said six thousand dollars was hidden in the basement. These two crooks* took me with them to the basement. They bragged about* how much money they were going to get.

When they got the money, they counted it. They found that four hundred and fifteen dollars was missing.* They were worried. They wanted to take the money upstairs and count it in front of everyone. But if some money were missing, the people would suspect the king and duke of* stealing. The duke said:

"Let's put our own money in to cover* the rest." He began to take his money out of his pocket.

"That's a great idea, duke. You are a genius!"

They took out the money they had made from the play and used up* almost all of it.

"I have another idea. Let's go upstairs and give this money to the girls. All of it!"

"Great idea, duke. Let me hug you. They'll never suspect us."

They got upstairs and counted out the money and put it on a table. The king began another speech about his poor dead brother. Then, he gave all the money to Mary Jane. She hugged

---

tender 다정한, 애정 어린 coffin 관 kneel down 무릎을 꿇다 crook 사기꾼 brag about ···에 대해 자랑하다, 허풍을 떨다 missing 없어진, 빈 suspect A of B A가 B했다고 의심하다 cover (손해액 등을) 메우다 use up 다 써버리다

him and the other daughters kissed the duke.

Everybody praised this generous* action. They started talking again about the dead man. The king went on and on* speaking about his brother. I noticed a big, serious man who was watching the king carefully. The king started speaking about funerals* and using fancy* words he said were from Greek and Hebrew.* Then, the serious man laughed out loud. Someone said to him:

"Doctor Robinson! Haven't you heard? That man is Harvey Wilks."

The king smiled and tried to shake the doctor's hand.

"Get your hand away from me! Your English accent is fake!* You are a fraud!*"

The crowd became very upset. Most people believed that the king was Harvey Wilks. They tried to convince the doctor that he was wrong. The doctor turned to Mary Jane and spoke:

"I was your father's friend and I am your friend. I warn you. These men are fakes. His English accent is fake and his Greek and Hebrew words were fake. Don't believe them, Mary Jane. Tell them to leave. Will you?"

Mary Jane stood up straight. She looked so

pretty.

"This is my answer," she said. She took the bag of money and handed it to the king. "Take this money, all six thousand dollars of it. Invest it for us. We trust you."

Mary Jane and the other girls hugged the king and the duke. The king smiled and looked proud. The doctor said:

"All right. It's no longer my responsibility. When you remember this day you will feel sick.*"

"All right, doctor," said the king. "When they feel sick, we'll send them to you!"

That night, they had a huge dinner and the king and the duke were given rooms to sleep in. Joanna came to me in the kitchen and asked me about life in England.

"Do you often see the king?"

"Oh, yes. He goes to our church."

"I though he lived in London."

"Well, of course he does."

"But you live in Sheffield."

---

generous 돈을 아까워하지 않는 go on and on ...ing 계속해서 …하다
funeral 장례식 fancy 복잡한 Hebrew 헤브라이어 fake 가짜의 fraud
사기꾼 feel sick 속이 메스껍다

I had a problem, I pretended I was choking on some food* so I could think. Then I said:

"I mean, he comes to our church when he's in Sheffield."

Then, Mary Jane came in the kitchen. She looked so sweet and pretty. After that, Susan came in. She talked so nice to me. I felt bad* that I was trying to help those two frauds steal their money.

I went to bed but couldn't sleep. I was trying to think of a way to tell the girls about the plan to take their money. I couldn't just tell Mary Jane. That might get her in trouble.* I decided I would have to steal the money. Then, I'd hide it and write a letter to Mary Jane telling her where it was. I'd have to do it that night.

So I went and searched the rooms of the duke and king. It was dark, and I searched with my hands.* I couldn't find anything. Then, I heard footsteps* outside. I hid behind a curtain. The duke and the king came in the room. The king said:

"Why'd you bring me up here? We should be down with the others, mourning.*"

"I'm worried because of the doctor. But I have

a plan. Let's leave tonight, before three in the morning. Let's take the money we have and go down the river."

I felt pretty bad. Then the king said:

"But what about the property? It's worth eight or nine thousand dollars. We can't leave without selling it. Then, we don't have to steal the money. We can leave it with the girls. And they can get their property back. After they learn that we were not the rightful owners, the court will give them the property. The only loser will be the person who buys the property! The girls won't lose anything!"

The duke agreed and I saw them hide the money in the mattress. I left the room and went back to my bedroom and pretended to sleep.

When everyone in the house was asleep, I went back and took the money. When I came back down, I passed through the living room. There was the open coffin of Peter Wilks. I took a look at the poor dead man. Then I heard footsteps. I

---

choke on food 음식이 목에 걸리다 feel bad 후회가 되다 get... in trouble ···을 곤경에 처하게 하다 search with one's hands 손으로 더듬다
footstep 발자국 mourn (죽음을) 애도하다

had no place to hide the money except the coffin! I put the money in the coffin and hid. Mary Jane came in and knelt at her father's coffin. She began to cry. I snuck back to* my room.

I thought that I would send Mary Jane a letter after I left. I could tell her the money was buried* in her father's coffin. But then I worried that someone would find the money when they closed the lid.*

The next day was the funeral. So many people came. The minister* gave a wonderful sermon.* They buried Peter Wilks. But I thought about the money. Was it in the coffin? Did someone find it? What if I write a letter to Mary Jane and the money is gone? I was so confused and sad.

That night, the king announced that he and his brother would go back to England. He invited the girls to come, which made them very excited. He asked them to sell the house, the slaves, and the property as soon as possible.

Later, when I was asleep, the king and the duke woke me up. They looked troubled.* The king said:

"Were you in my room last night?"

"No, sir."

"Did you see anyone go in there?"

"No, sir. Only the slaves."

"When was that?" asked the duke.

"The day of the funeral."

"So it was the slaves!" said the king. "These slaves are smart! We'll have to sell them all."

"Is something wrong?" I asked.

"Nothing that concerns* you," said the king.

They talked and talked as they left. I felt happy that I had blamed the slaves, and happy that the slaves would have no trouble for it.

The next morning I found Mary Jane crying. I asked her what it was about. She was crying about the slaves.

"They'll be sold off,*" she said. "Mothers and their children will never see each other again. It's so sad. My trip to England is ruined* just thinking of it."

"Don't worry, Mary Jane. They'll see each other within two weeks. I promise."

She hugged me and asked me to say it again. I

---

sneak back to 슬며시 …로 돌아가다 bury 묻다, 매장하다 lid 뚜껑 minister 목사 sermon 설교 troubled 근심스러운 concern …와 관계되다 sell... off …을 팔아치우다 ruined 망친

did. Then I asked her to sit down.

"Mary Jane, I'm going to tell you the truth. Prepare yourself.* Those two men are not your uncles. They're thieves."

She looked surprised. I told her all the details and she became very angry.

"Those terrible men! Let's tell everyone. They'll throw them in the river!"

"I have a better idea. Let me travel with them a few days. If we tell on* them now, someone else, someone you don't know, will be in big trouble. We have to save him, don't we?"

That gave me an idea about how Jim and I could lose the two frauds.

"Mary Jane, I want you to go to a friend's house and come back at night. If I'm not back by eleven o'clock, it means I'm safe. Then you can tell everyone."

Before she left, I wrote a letter that said the money was in her father's coffin. I folded it and gave it to her. I said:

"Mary Jane, don't read this until you're on your way to your friend's house."

"Good-bye," she said. "I'll pray for you."

Then I went to the auction* where the duke and

the king were selling Peter Wilks's property. By the end of the afternoon, they had sold everything.

Then, a crowd approached. With them were a nice-looking old gentleman and a nice-looking young one. The people were laughing and yelling and I couldn't understand why. The crowd got close and the old gentlemen spoke. He spoke like a real Englishman!

"I am Peter Wilks's brother, Harvey. And this is his brother William, who cannot hear nor* speak. Our baggage got put off at a town above here by mistake.* But when they come, we can prove who we are. Until then, we will stay in the hotel."

The crowd laughed. Nobody believed these two newcomers.* The doctor was in the crowd. He said:

"I don't know if these newcomers are the real brothers or not. But I do know that those two are fake!" He pointed to the duke and king.

Everyone went to Peter Wilks's house. The

---

prepare oneself 각오하다   tell on 밀고하다   auction 경매   not A nor B A도 B도 아니다   Our baggage ~ by mistake. 잘못하여 상류 마을에 짐이 내려졌다.   newcomer 새로 온 사람

doctor spoke to the king and the duke:

"Prove you are the real brothers. Give us the six thousand dollars. We will keep it until you are proven to be real."

"I wish I could do that, doctor. But the money was stolen by the slaves!"

Now people began to have doubts about[*] the king and the duke. Then, the old gentleman asked the king:

"What kind of tattoo[*] did Peter Wilks have on his chest?"

The kind looked confused. But then he smiled and said:

"A blue arrow."

"No, it was his initials, PW."

A lawyer in the crowd suggested they go to the grave and dig up[*] the coffin. Everyone followed along.[*] I was worried for myself.[*] They would think I was part of the gang when the truth was discovered. I wished Mary Jane had been there to help me.

Soon, it got dark and started to rain. There was wind, lightning, and thunder. Finally, the coffin was dug up and opened. Someone shouted:

"There's a bag of money in here!"

Everybody was very excited. This gave me a chance to run away. I ran by the Wilks's house and thought of Mary Jane. She was the best girl I had ever seen. I ran until I reached the river and our raft.

"Jim! Wake up! We have to leave!"

Jim was very happy to see me. In a few seconds, we were floating down the river. We both felt free again. But then, the lightning flashed and I saw the king and the duke coming after us in a canoe. I wanted to cry.

The king jumped on the raft and grabbed me.

"Why did you run away?" he asked.

"Let go of* the boy," said the duke. "We all ran away."

Then the duke and the king talked about the money. They didn't know how it had gotten into the coffin. They blamed each other for* trying to steal the money.

When they finally were asleep and snoring, I told Jim everything.

---

have doubts about 의심하다 tattoo 문신 dig up 파내다 follow along 쭉 뒤따라가다 be worried for oneself 자신이 걱정되다 let go of (쥐고 있던 것을) 놓다 blame A for B A가 B했다고 나무라다

12. Jim Is Gone

We traveled on the raft for several days. We didn't stop at any towns. We were now very far south and the weather was very warm. The trees were covered with thick moss.* It was the first time I saw that kind of moss. It made the woods look scary. When the king and duke thought we were safe, they began playing their tricks on* the villages again. Every trick* they tried failed. They became very sad.

They started to make secret plans. This made Jim and me nervous.* We knew they were planning something bad. We decided we'd run away from them when we got the chance.* One day, the king went into a town. A little while later, the duke and I went there to find him. The duke and the king got into an argument.* When I had a chance, I ran back to the raft and called to Jim:

"Let's go, Jim! We're safe now!"

But there was no answer. Jim was gone. I looked for him in the woods and on the road. But

I couldn't find him. I sat down and cried. Then I saw a boy walking down the road. I asked him if he had seen a slave. He said:

"Yes."

"Where?"

"At Silas Phelps' farm, He's a runaway slave and we got him. Are you looking for him?"

"No! I saw him in the woods about two hours ago. He said he'd kill me if I told on* him. I was so scared, I stayed hid in the woods."

"Well, it's safe now. There's a two hundred dollar reward for him."

"Who caught him?"

"Some old man. He sold his share for forty dollars. He said he had to leave and couldn't wait for the reward."

The boy left and I went to the raft to think. I thought so hard that my head hurt.* I couldn't think of a solution. The king and duke were so cruel to sell Jim for forty dollars to strangers.

I thought that if Jim were going to be a slave, it

---

moss 이끼   play one's trick on …을 속이다   trick 속임수   nervous 긴장되는, 신경 쓰이는   get the chance 틈이 나다   get into an argument 말싸움을 하다   tell on 일러바치다, 밀고하다   one's head hurts 머리가 아프다

would be better for him to be a slave back home. So I decided to write Miss Watson a letter. But then, I remembered all the good times Jim and I had had together. I remember that he had said that I was the only friend he ever had. I had to help him escape from slavery!*

I thought and thought until I fell asleep. The next morning, I made some breakfast, put on my best clothes, and put my things on the canoe. I rowed until I was near where Phelps' farm might be. I hid the canoe and walked up to the road.

When I got there it was quiet, hot, and sunny. Everyone was gone. The sound of buzzing bugs* made it seem lonely. It was a small farm with a fence and a big log house. I walked up to the house and about fifteen dogs came out barking loudly. They surrounded me. I was trapped.*

Then a woman came out of the house. She looked to be about forty-five or fifty years old. Two children followed her. She was smiling when she spoke:

"It's you! At last you're here!"

"Yes, ma'am,*" I said, before I could think.

She came to me and hugged me. She started to cry.

"You don't look like your mother," she said. "But I don't care. I'm so happy to see you! Children, come here. It's your cousin, Tom. Say hello to him."

The children look shy and hid behind their mother.

"We've been waiting for you several days. Why are you so late?"

"Well, ma'am..."

"Don't call me ma'am. Call me Aunt Sally. Now, where were you?"

I had to make up a story. I told her that the boat had broken down.* She took me into the house. She started to ask me some questions and I became worried. Inside, there was an old gentleman. I guessed the couple was Mr. And Mrs. Phelps. The old gentleman asked:

"Who is this?"

"Don't you know?"

"I have no idea. Who is it?"

"It's Tom Sawyer!"

---

escape from slavery 노예의 신분 (처지) 에서 벗어나다 buzzing bug 윙윙거리는 곤충 be trapped 갇히다 ma'am (하인이 안주인을 부를 때) 마님 break down 부서지다

I almost fell down[*] when I heard my friend's name. The old man shook my hand and was very happy to see me. They asked many questions about Sid and Mary and the rest of the family. They were happy but I was even happier. I made up stories about every member of the family. I felt pretty comfortable, but then I thought about the real Tom Sawyer. He might show up any minute![*] I told the old man and his wife that I needed to go to town and get my bags. The old man wanted to come with me, but I told him I could go alone.

When I was halfway to town,[*] I ran into Tom Sawyer. When he saw me, his mouth opened and didn't shut. He looked scared. Then he said:

"I never harmed you. Why are you coming back from the dead[*] to haunt[*] me?"

"I'm not coming back from the dead. I never died."

"What? You weren't murdered?"

"No, I wasn't. I played a trick on them!"

I went on to tell him the whole strange situation. Finally, I told him about Jim. He looked excited and said:

"I'll help you steal him!"

Tom thought of a plan. He told me to go back to the farm with my bags. Thirty minutes after I arrived, Tom came. Aunt Sally came to the door. She asked:

"Who are you?"

Before Tom could answer, I came up to the door and said:

"Aunt Sally, don't you recognize my brother, Sid?"

She hugged and kissed him again and again. Then, the old man did the same. When they quieted down,* she said:

"I'm so surprised. My sister never said that you were coming, Sid. Only Tom."

"Well, Aunt Sally, I begged and begged until she let me come. Tom thought it would be a good idea to surprise you by coming first."

"You boys! Well, I'm so happy to have you here that I can stand* your jokes. What a surprise!"

We had dinner enough for seven families.

---

almost fall down 거의 기절할 지경이다   any minute 당장이라도   be halfway to town 마을까지 반쯤 가다   the dead 사자(死者)   haunt 괴롭히다, 따라다니다   quiet down 조용해지다, 잠잠해지다   stand 참다

Uncle Silas said a prayer[*] and we ate. We talked and talked, but nobody said anything about a runaway slave. But then, one of the boys said:

"dad, can we go with Tom and Sid to the show?"

"No," said the old man. "I don't think there'll be a show. That runaway slave told Burton and me that the show was a fake.[*] They probably have chased those two frauds out of town already."

That night, Tom and I snuck out of the window and went to town. On the way, Tom told me everything that had happened back home. I told him all the adventures Jim and I had had. Then, we ran into a crowd. They were carrying torches[*] and yelling. Then, I saw that they were carrying the duke and the king. They had them tied to a pole,[*] and had put tar[*] and feathers[*] all over their bodies. I felt sick. I felt sorry for[*] them. It seemed that I wasn't angry at them anymore. Humans can be so cruel to each other! We walked back home. I felt sad and guilty, even though I hadn't done anything.

13. Rescuing Jim

On the way home that night, Tom said to me:

"We are fools! I have figured it out.[*] I know where Jim is!"

"Where?"

"He's in the hut by the field.[*] Did you see that slave taking some food in there after dinner?"

"Yes. I thought that was for the dogs."

"Well, he took some watermelon, too."

"I saw that, too! I never thought about that. Of course, dogs don't eat watermelon. You can see and not see at the same time.[*]"

"The slave unlocked[*] the door when he went in. He locked it again when he left. I think Jim's in that hut. Let's think of some plan to get him out."

---

say a prayer 기도하다　fake 가짜　torch 햇불　pole 막대기, 기둥　tar 타르　feather 깃털　feel sorry for ···이 안됐다고 생각하다　figure... out ···을 생각해내다　by the field 밭 근처의　You can ~ same time. 사람이란 눈으로 보고도 알아보지 못하는 수가 있다.　unlock 열쇠로 ···의 자물쇠를 열다

Tom was so smart. I knew he would come up with a great plan. I also knew that his plan would change many times and that he wouldn't let me change it. But Tom was serious and wanted to help.

When we got home, we went to the hut. I found a window hole with one board nailed over it.* I said:

"If we take this board off,* Jim can crawl through the hole."

"That's too easy. We need a more complicated* plan, Huck Finn. I've got a better plan. Let's dig him out!* It'll take about a week!"

The next morning, we ran into the slave who was taking food to the hut. We thought it was a good idea to make friends with him. We started talking to him. He was very friendly and good-natured.* Tom asks:

"Are you taking food to the dogs?"

The slave smiled and laughed. Then he said:

"Yes. I'm taking food to a dog. Do you want to see him?"

Tom was worried because this was not part of the plan, but we went with the slave. When he opened the door, it was dark. But Jim was there.

Jim shouted:

"Why* Huck! Oh my! Isn't that Tom?"

The slave was surprised and said:

"How does he know you?"

Tom looked at the slave and said:

"Does who know us? What are you talking about?"

The slave was confused for a moment but soon said:

"Maybe it's because of the witches. I wish I were dead. Please don't tell anybody about this."

Tom gave the slave a dime and said we wouldn't tell anybody. And while the slave stepped to the door to look at the dime* and bit it to see if it's real, Tom turned to Jim and whispered:

"Pretend you don't know us. We will be digging around here at night."

That next night we began to dig. First, we dug with our hands. That took a long time. Then we used knives. That went a little faster. I suggested

---

board nailed over it 그 위에 못이 박힌 판자   take... off …을 떼내다   complicated 복잡한   dig... out …을 파서 꺼내다   good-natured 마음씨가 착한, 사람이 좋은   why (놀라운 일을 발견하고) 이런, 아니   dime 10센트 백동화

we use picks* and shovels,* but Tom said that in adventure stories,* people always used knives to dig.

The next day, I stole some clothes and a water-

We dug a hole with some picks and shovels
to escape Jim.

melon and had the slave bring them to Jim. I hid a knife in them so that Jim could help dig a hole to escape.

Tom told me a story he had read about a prisoner* who dug a hole for thirty-seven years. When he finished, he came out in China.

"But Jim doesn't know anyone in China," I said.

That night, we dug and dug. It seemed like it was taking forever. We were tired and our hands were blistered.* I said to Tom:

"This is going to take longer than thirty-seven years."

He didn't answer. He sighed* and then he stopped digging. Then he said:

"This isn't going to work,* Huck. We need to think of a new plan."

"What are we going to do?"

"We'll have to use picks and shovels!"

So we went and found some picks and shovels. The work went much faster.* After two nights,

---

pick 곡괭이 shovel 삽 adventure story 모험담 prisoner 죄수 blister 물집이 생기게 하다 sigh 한숨을 쉬다 work (일이) 뜻대로 되다, 계획대로 풀리다 go much faster 훨씬 더 빨리 진행되다, 급진전되다

the hole was deep and long enough for us to go under the hut.

The next day, Tom stole some candles, a spoon, and some other things for Jim. That night, we went into the hole and under the hut. We finished digging the hole and came into Jim's hut. He was sleeping. Jim looked healthy and happy. We woke him up gently. He was so happy to see us that he almost cried. We talked about old times together. Then Tom started asking Jim many questions. Jim said that Uncle Silas came every-day to pray with him. He said that Aunt Sally also visited him to make sure* he was comfort-able.* She brought him food. Jim said both of them were very kind.

Uncle Silas wrote some letters to the address of the farm the duke had put on Jim's runaway slave poster. Of course, it was a fake address. There was no response. Uncle Silas decided to put some ads* in St. Louis and New Orleans newspapers. I was worried Miss Watson might read the St. Louis newspaper. So we had to work fast to help Jim escape.

Tom was enjoying the plan to help Jim escape. But he thought it was too easy. He wanted to make things more challenging.* That is why he suggested we write a letter.

"What kind of letter?" I asked.

"We need to warn them that somebody is going to steal the runaway slave."

"Why would we want to do that?"

"If we don't warn them, helping Jim escape will be too easy. That won't be fun. We need to make it an adventure!"

I couldn't understand Tom. But I knew I could never change his mind. So I agreed to* his silly plan.

That night, Tom gave me a letter and told me to slip* it under the door. The note read:

Be careful. Trouble is coming. Watch out.

UNKNOWN FRIEND

The next night, Tom drew a picture of a skull and crossbones* and put it on the door. The night

---

make sure 확인하다, 확실히 하다   comfortable 편안한   put ads 광고를 싣다   challenging (일이) 해볼 만한, 도전적인   agree to …에 찬성하다   slip 살며시 끼워넣다   skull and crossbones 두개골과 두 대퇴골; 해골 밑에 두 개의 뼈를 교차시킨 그림으로 죽음을 상징

after that he put a picture of a coffin on the back door. The family was very afraid. Whenever Aunt Sally heard a door shut or some other small noise, she jumped and said, "Ouch!" Tom saw this and thought his plan was working very well.

Tom decided the next day that he would do one last thing. He made another letter. That night, they had two slaves stay up[*] all night as watchmen.[*] Tom waited for one of the slaves to fall asleep and then stuck[*] the letter to the back of his neck. This letter read:

Don't betray[*] me. I want to be your friend. A gang is coming to steal your runaway slave tomorrow night. The gang has been trying to scare you so that you'll stay inside. I am part of the gang, but I want to quit and lead an honest life.[*] When they are in the hut, I will make the sound of a sheep – "BAAA." Then, you can capture[*] them and kill them if you want. I don't want a reward.[*] I just want to do the right thing.

UNKNOWN FRIEND

We felt good the next day. After breakfast, we took our canoe and went fishing. We went to check the raft to make sure it was okay. It was. We got home a little late for dinner. They seemed so scared. After we finished eating, they made us go to bed. They wouldn't say why. At eleven thirty, we started to get ready for the escape. Tom thought about food. He said:

"We need to take some food."

"We can get food after we escape," I said.

"It's better to take some with us. Go down to the cellar* and get some. I'll go outside and get ready to help Jim escape. When you get there, be ready to say 'BAAA' like a sheep."

Tom went outside and I went down to the cellar. I found some butter and cornbread* and took them. I went back up the stairs and ran into* Aunt Sally. I hid the food in my hat. She said:

"Were you down in the cellar?"

"Yes, ma'am."

"What were you doing down there?"

---

stay up 잠을 자지 않고 있다 watchman 야경꾼 stick 찔러 넣다 betray 배신하다 capture 잡다 reward 보상금 cellar 지하실 cornbread 옥수수빵 run into …와 우연히 마주치다

"Nothing."

"Nothing? Why did you go down there?"

"I don't know, ma'am."

"You don't know? Now tell me, what were you doing down there?"

"I didn't do anything, Aunt Sally."

I thought she would let me go. Normally, she would have. But she was nervous because of all the strange happenings. So she said:

"Go in the living room and sit down. Wait for me there. I know you're doing something wrong. I will find out what it is."

She went away and I went into the living room. There was a huge crowd in there! There were fifteen farmers, and all of them had a gun. I felt sick and sat down. They all looked nervous, and talked to each other with low voices.*

I wanted Aunt Sally to come back fast. I wanted to go and tell Tom. We needed to escape with Jim immediately.

Aunt Sally finally came. She began to ask me a lot of questions. I didn't know how to answer them. All the men were making me nervous and I began to shake. One of the men said that he was going to go out to the hut and find the gang.

This made me so nervous. I almost fainted. Then, from under my hat, a streak of melted butter* came down my forehead.* Aunt Sally turned white with fear* and said:

"Oh my! You have brain fever!* That's what's wrong with you. You brains are coming out of your head!"

Everybody ran over to see me. Aunt Sally pulled off* my hat. The cornbread and what was left of the butter* fell out. She grabbed me and hugged me and said:

"Oh, you had me so scared! I'm so happy that it's not brain fever! But, why didn't you tell me that was the reason you were down in the cellar? I wouldn't have cared. Now, go to bed. I'll see you in the morning."

I ran up the stairs as fast as I could. I jumped out the window and ran to find Tom in the hut. It was dark inside. I told him that we had to escape immediately. I told him that the house was full of men with guns.

---

with low voices 낮은 목소리로 streak of melted butter 녹은 버터 줄기
forehead 이마 turn white with fear 공포로 하얗게 질리다 brain fever
뇌막염 pull off 벗기다 what was left of the butter 버터 남은 것

Tom looked very excited. He said:

"Really? Isn't this great? It's so exciting!"

"Hurry! Hurry!" I said. "Where's Jim?"

"He's right here. He's ready to go. Let's go out*
the hole and you can make the sheep sound."

But then we heard the sound of men outside the
hut. One of them touched the lock on the door. I
heard a man say:

"We're too soon. I told you so. The gang hasn't
come yet. The door is locked. Let's open the
door and some of us can hide inside. Then, when
the gang gets here, we can attack from inside.
The rest of us will hide outside and wait until we
hear them."

Then the men came in. They couldn't see us
because it was dark. Quietly, we snuck out of*
the whole we had made. First Jim went, then I
did, and finally Tom. That was Tom's plan, too.
We hid outside. It was very dark. We avoided the
men who were hiding outside. We walked as
quietly as possible, without breathing.* We
walked toward the fence. Jim and I climbed over
the fence, but Tom's pants got stuck on* it. We
heard someone coming and had to run away.
Tom's pants snapped* part of the fence and made

a noise. He started running, too. Somebody shouted:

"Who's that? Answer, or I'll shoot!"

We didn't answer. We ran as fast as we could. And then we heard the sound bang, bang, bang! The bullets whizzed* around us. We heard them shout:

"There they are! They're running towards the river! Let's go after them! Let the dogs go!"

They came after us. We could hear them because they wore boots and were shouting. But we didn't wear boots and were not shouting. They got close to us and we hid in some bushes. The men went past us and then we ran after them. Then, the dogs came. It sounded like there were a million of them! But the dogs knew us. So when they found us, they only barked, "Hello." They ran after the shouting men. We ran after the dogs and ran to the river where the canoe was tied. We hopped in,* and rowed as fast and quietly as we could to the middle of the

---

go out …의 밖으로 나가다   sneak out of 몰래 …을 빠져나가다   without breathing 숨도 쉬지 않고   get stuck on …위에 걸리다   snap 툭 하고 끊다 whiz 윙 소리를 내며 날아가다   hop in 깡충 올라타다

river. We rowed toward the island where the raft was hidden. We heard the shouts of the men and the barking of the dogs up and down the river. Soon, we were far away and the sounds got dimmer[*] and then disappeared. We stepped on to the raft and I said:

"Now, Jim, you're a free man again. I think you'll never be a slave again."

"You did a great job,[*] Huck. It was a beautiful plan."

We were as happy as we could be.[*] But Tom was the happiest one among us, because he had a bullet in the calf[*] of his leg.

When Jim and I heard that, we were worried. Tom was in pain and he was bleeding.[*] We had him lie down and bandaged[*] his leg with one of the duke's shirts. But Tom said:

"Let me do that! Don't stop now. Keep rowing. We did it, boys! What a great escape! It should be part of an adventure story! Keep rowing."

Jim and I talked quietly to each other. We thought about what we should do. Then, I told Tom that I was going to get a doctor. Tom didn't like the idea but Jim and I insisted.[*] I got the canoe ready and Tom said:

"Well, if you must get a doctor, make sure you put a blindfold* on him so he doesn't know where we are."

I agreed and left them on the raft. Jim was to hide in the woods when I came back with the doctor.

---

get dimmer 점점 흐릿해지다   do a great job 아주 잘하다   as happy as + 주어+can be 더할 나위 없이 행복한   calf 종아리, 장딴지   bleed 피를 흘리다 bandage …에 붕대를 대다   insist 주장하다   blindfold 눈가리개

14. The Reunion

I went into the nearest village and found a doctor's office. When I woke him up, I saw he was an old, nice, kind-looking man. I told him that I was camping on an island with my brother on a hunting trip. I said that my brother had tripped over* his gun and it went off* and shot him in the leg. I asked if he could come over and fix* it. I also asked if he would keep it a secret,* because we wanted to surprise our family.

"Who is your family?" he asked.

"The Phelpses."

He lit a lantern and got his medical bag* ready.

He didn't think my canoe looked safe. He said it wasn't big enough for two people. I said:

"Don't worry, sir. We had three people in it."

"Three people?"

"I mean, Sid and I, and, uh, and the guns! That's what I mean!"

"Oh," he said.

He got in the canoe and rocked* it. He shook

his head. He said it was not safe for two people. He told me to wait and that he would come back. I told him where the raft was and he rowed off[*] alone.

Then, I started to worry. What if it took several days to fix Tom's leg? What if he tells somebody about us?

I found a place to get some sleep. When I woke up, the sun was high over my head. I went to the doctor's house but they told me he was gone. They said he had left somewhere the night before and hadn't come back. I started to worry about Tom. I decided to go back to the island. I ran to find a canoe. I turned a corner and ran into Uncle Silas's stomach! He said:

"Tom! Where were you?"

"Well, Sid and I were looking for that runaway slave."

"Your aunt is so worried," he said.

"She shouldn't be," I said. "We ran after the men and the dogs. But they ran too fast. We got

---

trip over …에 걸려 넘어지다   go off 발사되다   fix 치료하다   keep it a
secret 비밀로 하고 지키다   medical bag 왕진 가방   rock 흔들다   row off
노를 저어 가버리다

lost. So we took a canoe up the river. We rowed until we got tired and found a place to sleep. We just woke up an hour ago. Sid is at the post office looking for news. I'm trying to find some food."

We went to the post office but "Sid" wasn't there. Uncle Silas went in and got a letter. We waited and waited. Then, Uncle Silas told me to come home with him. He said that "Sid" would come home later by himself. I tried to convince him to let me wait. But he insisted that I come home to show Aunt Sally that we were okay.

When we got home, Aunt Sally was so happy to see me. She cried and cried and gave me lots of hugs. She said she'd give the same to Sid when he got home.

The place was full of the farmers and their wives. The wives gossiped* all day about the events that had happened. When everybody left late in the afternoon, Aunt Sally asked me where Sid and I had gone. I said that the noise and the shooting had woken us up. We wanted to see the excitement, so we jumped out the window. I told her everything else that I had told Uncle Silas. She kissed me again and said that she forgave me. Then she said:

"Oh my! It's almost night and Sid is not back yet. Where could he be?"

I saw my chance* and said:

"I'll go into town and get him!"

"No you won't," she said. "You'll stay here. It's enough that one of you is lost. After dinner, I'll send Uncle Silas to go look for him."

He didn't come after dinner so Uncle Silas went to look for him.

He came back after ten o'clock. He said he couldn't find the boy. Aunt Sally was very worried but Uncle Silas said it was normal for boys to be like that. He said he was sure he would come back the next morning. Aunt Sally said she would wait up for* him, in case* he came back.

Aunt Sally took me up to bed.* She sat down beside me a long time. She talked about Sid. She said he was such a good boy. She asked me if I thought he had had some accident. I told her that I thought he was safe. Still, I could see she was

---

gossip 떠들다 see one's chance 틈을 잡다 wait up for …을 자지 않고 기다리다 in case …할 경우를 대비해서 take... up to bed …을 침실로 데리고 올라가다

crying. When she left the room, she turned to me and said:

"The door is not locked and the window is not shut. But please don't leave. Stay here. Do that for me."

I wanted to go find Tom. But I didn't want to make Aunt Sally worry. She was so kind. So I went to sleep.

I thought about her and I thought about Tom. I couldn't sleep well. I jumped out of the window twice. Both times, I saw her in the window, waiting and crying. So I went back to my room. When it was almost dawn, I jumped out a third time.* I saw that her grey head rested in her hands.* She had fallen asleep.

The next morning when I woke up, Uncle Silas had already gone to town. But he couldn't find Tom. He came back before breakfast.

They just sat at the table. Their coffee got cold. They weren't eating or talking. Then, Uncle Silas said:

"Did you get the letter?"

"What letter?"

"The one I got yesterday from the post office."

"You didn't give me any letter."

"Well, I must have forgotten it."

He looked through his pockets and then walked off* somewhere. When he came back, he gave it to her. She said:

"It's from St. Petersburg. It's from my sister."

I wanted to leave but my body wouldn't move. But before she opened it, she dropped it and ran, because she saw something. I saw it, too! It was Tom Sawyer on a stretcher.* The old doctor was with him. Jim was behind them, and his hands were tied. There was a large group of people. I hid the letter in the first place I could find and ran out. She ran toward Tom and said:

"Oh, he's dead! He's dead! I know he's dead!"

Tom turned his head a little and said something quietly. Then she held up her hands in the air* and said:

"Thank God! He's alive! That's enough!" She hugged him and kissed him. Then she ran into the house to get a bed ready for him. She gave orders to the slaves as fast as she could.

---

a third time 세 번째로 rest one's head in one's hands 양손에 머리를 받치다 walk off 걸어서 가버리다 stretcher 들것 hold up one's hands in the air 허공에 두 손을 치켜들다

I followed the men to see what they would do with Jim. The old doctor and Uncle Silas followed Tom into the house. Some of the men hit Jim and threatened him. But Jim kept quiet. They took him to the same hut and locked him up.* Some men sat outside guarding him with guns. Then the doctor came out and said:

"Don't be rough with* him. He's a good slave. I went to the raft to help the boy. It was dark and I couldn't find the bullet. The boy started going a bit crazy.* I cried out for* help. And then from nowhere* came this slave. He told me he'd help and he did. I knew he was the runaway slave. He took good care of the boy. I knew he was risking* his freedom to help out. I liked him for that. I tell you, he's worth a thousand dollars. We waited all night on that raft. And then the slave fell asleep. After that, some men came by* on a boat. They captured the slave and took us back here. He's a good slave."

One of the men said:

"Well, he sounds pretty good from your story, doctor."

Then they were so nice to Jim after that. I was happy that the doctor had said those words to help Jim. I knew the doctor was a good man from the first time I saw him. All the men agreed that Jim had acted very well and deserved* a reward. They all promised that they wouldn't swear at* him anymore.

I thought about how I would explain everything to Aunt Sally. I had to explain to her how I forgot to mention that Sid had been shot. I had told her before that we were just chasing the runaway slave.

I had lots of time to think of an explanation. Aunt Sally was in the room with Tom all day and all night. And whenever I saw Uncle Silas coming, I walked away.

The next morning I heard that Tom was a lot better. They said Aunt Sally was taking a nap.* So I snuck into Tom's room. If he was awake, I thought we could make up a good story together that the family would believe. But Tom was asleep. He looked peaceful. I sat down and waited for him to wake up. I waited about half an

---

lock... up ···을 감금하다 be rough with ···에 심하게 (거칠게) 대하다 go crazy 미치다 cry out for 큰소리로 ···을 부르다 (요청하다) from nowhere 갑자기, 난데없이 risk ···을 위험에 걸다 come by 지나치다 deserve ···의 가치가 있다 swear at ···에 욕을 퍼붓다 take a nap 낮잠을 자다

hour, and then Aunt Sally came in. I was in trouble! She sat down beside me and whispered that we could be happy because Tom would be okay. He was getting better.*

We sat together watching Tom. He moved a little bit. Then he opened his eyes and looked around. He said:

"Hello. I'm at home! Why? Where's the raft?"

"It's all right," I said.

"And Jim!"

"The same," I said.

"Good. Now we're safe. Did you tell Aunty?*"

I was going to answer yes, but Aunt Sally spoke before I could:

"About what, Sid?"

"About what we did?"

"What did you do?"

"We set a runaway slave free!* Tom and I did!"

"Oh my! What is he saying? Dear, he's losing his mind* again!"

"No, I'm not losing my mind. We did set him free. Tom and I did. We planned the whole thing!"

Once he started talking, Aunt Sally just listened. I realized it was useless for me to say anything. He continued:

"Aunty, it took a lot of work. We worked every night while you were asleep. We stole candles and other things. It was so much fun! We had to make the pictures of the skull and crossbones and the coffin. We had to write the letters from the 'Unknown Friend.' We had to dig the hole."

"Oh, my!"

"Then you kept Tom in here and the butter melted* in his hat. He ran after me to tell me about the men with guns. We had to run, but the men chased us. We let them pass, but then the dogs came. The dogs recognized us, so they didn't bark. We ran to the canoe and then went to our raft. Jim was a free man. We did it all by ourselves.* It was great, Aunty!"

"Well, I have never heard such a story in all my life! So it was you two! You rascals!* You scared us to death.* I should beat the both of you!"

But Tom was so proud and happy. He kept talking about the adventure while Aunt Sally talked

---

get better 호전되다 aunty aunt를 친근하게 부르는 말 set... free …을 해방 (탈출) 시키다 lose one's mind 제정신을 잃다, 미치다 melt 녹다 by one-self 혼자서 rascal 악당, 악한 scare... to death …을 오싹하게 하다

about ways to punish us. Then she said:

"Well, maybe you enjoyed yourself. But I don't want you to ever have anything to do with him again."

"Who?" asked Tom. He looked surprised and was no longer smiling.

"Who? That runaway slave, of course. Who did you think I meant?"

Tom looked very upset. He said to me:

"Tom, didn't you say he was alright? Didn't you say he got away?"

"Him?" said Aunt Sally. "The runaway slave? They got him. He's locked in the same hut again, until somebody claims* him or until he's sold."

Tom rose up in his bed. His eyes looked angry. He shouted:

"It's not right to lock him up! Let's go! Set him free! He's not a slave anymore. He's as free as anyone!*"

"What does the boy mean?"

"I mean everything I say, Aunt Sally! I'll go set him free if no one else will. Tom and I have known Jim all our lives. Miss Watson died two months ago. She was ashamed* that she had thought about selling Jim down the river. So she decided to set him free in her will.*"

"Then why did you try so hard to set him free if he was already free?"

"That is a question a woman would ask. We did it for the adventure! And I would have done even more... AUNT POLLY!"

And there she was! She was standing in the door. She looked as sweet* as an angel. I was so surprised.

Aunt Sally ran over to Aunt Polly and gave her a big hug. They both cried. I took the chance to* hide under the bed. I peeked out* to see what was happening. Aunt Polly was looking at Tom through her glasses. She looked very, very angry. Then she said:

"You had better look at me, Tom!"

"Oh my," said Aunt Sally. "Has he changed so much? That's not Tom. That's Sid! Where's Tom? He was here just a minute ago."

"You mean where's Huck Finn! I know Tom when I see him. Huck Finn, come out from

---

claim ···가 자신의 것이라고 주장하다   as free as anyone 이 세상 누구와 마찬
가지로 자유인 ashamed 부끄러워하는 in one's will ···의 유언장에 sweet
상냥한 take a chance to ···할 기회를 잡다 peek out 살짝 엿보다

under that bed!"

I did so. I felt very shy.

Aunt Sally looked very confused,[*] as did Uncle Silas when he came in.[*] Aunt Polly explained

"Huck Finn, come out from under that bed!"
Aunt Polly said.

who I was. Then, I had to explain how I had said that I was Tom Sawyer and how Tom had said he was Sid.

Then, Aunt Polly said that Tom was right about* Miss Watson freeing Jim. I was amazed at* all the trouble we went through* to set free a man who was already free.

Aunt Polly said that she had got a letter from Aunt Sally saying that both Tom and Sid had arrived. Aunt Polly knew that Tom was causing some kind of trouble and came all the way* down the river to find out what he was doing.

"Well, I never got a letter from you," said Aunt Sally.

"I wonder why. I sent two letters asking what you meant when you said Sid was here."

"I never got them, sister."

Aunt Polly turned around slowly. She had an angry look on her face. She said:

"You, Tom!"

"Well, I..." he said, looking embarrassed.*

---

confused 어리둥절한   as did ~ came in. 사일러스 이모부도 들어왔을 때 역시 어리둥절해 한 것처럼.   be right about …에 대해서 한 말은 옳다   be amazed at …에 놀라다   go through 겪다   come all the way 쭉 (내내) 오다 embarrassed 당황한

"Give me those letters!"

"What letters?"

"Those letters."

"They're in the box. I never opened them. I never looked at them. I didn't touch them. But I knew they'd make trouble."

"You need a beating!* I wrote another letter saying that I was coming."

"It came yesterday," said Aunt Sally. "I didn't read it yet. But it came all right.* I got that one."

I knew Aunt Sally was lying to protect Tom, but I didn't say anything.

When I finally had some time with Tom alone, I asked him what he had originally planned to do after we escaped with Jim. He said that he planned for the three of us to go down the river and have many adventures. Then, we would tell Jim that he was already free. After that, we would travel up the river on a steamboat. All the slaves would give him a hero's welcome once* he got back.

They set Jim free from the hut immediately. Aunt Polly, Uncle Silas, and Aunt Sally were very grateful to Jim for* having helped Tom. They gave him everything he wanted to eat. The three of us spent some time talking in Tom's room. Tom gave Jim forty dollars because he had put up with[*] being a prisoner. Jim was so happy and he said:

"Remember, Huck, back on Jackson Island I told you I'd be rich! And now I am."

Then Tom talked and talked. He had an idea for the three of us to leave one night. We'd go live among the Indians and have lots of adventures. I agreed, but I said I might not have any money. I was worried that my dad had taken all my money from Judge Thatcher.

"No, he didn't," said Tom. "It's all there – six thousand dollars and more. Your dad never came back."

Then, Jim said sadly:

"He's not coming back again, Huck."

I said:

"Why Jim?"

"Never mind why, Huck. He's not coming back again."

---

need a beating 매를 맞아야겠다   come all right 제대로 도착하다   once 일단 …하면   be grateful to A for B A에게 B에 대해 고마워하다   put up with 참고 견디다

But I asked him again, and he said:

"You remember that house that was floating down the river, don't you? Remember that dead man? That was your dad."

Tom got better soon. He kept his bullet and made a necklace from* it.

I am happy because there's nothing more to write about. I never knew writing a book would be so much trouble.* I won't write another one. Soon, we'll leave for Indian land. Aunt Sally says she wants to adopt me and make me civilized.* I've tried that before and hated it.

THE END

YOURS TRULY,

HUCK FINN

---

make a necklace from ···로 목걸이를 만들다 trouble 성가심, 수고 civilized 예절바른, 교양있는

명작
우리글로
다시읽기

THE ADVENTURES OF
HUCKLEBERRY FINN

MARK TWAIN

1. 톰 소여의 갱단

P. 14 「톰 소여의 모험」을 읽어보지 않으셨다면, 여러분은 나를 모르실 겁니다. 마크 트웨인이 그 책을 썼지요. 거기에 적힌 글의 대부분은 진실이지만 그렇지 않은 것도 있어요. 모두가 가끔은 거짓말을 하니까요. 내가 만난 사람 중에서 거짓말을 안 하는 사람은 톰의 폴리 이모와 그 과부 더글러스 아주머니 정도지요. 모두 그 책에 나와 있는 사람들이에요.

그 책은 이렇게 끝납니다. 톰과 나는 동굴에서 6,000 달러의 금화를 발견하고 부자가 되었지요! 대처 판사 님께서 그 돈을 은행에 넣어두셨고 우리는 이자놀이로 각자 하루에 일 달러씩 받았습니다. 그 당시 아이한테는 굉장한 돈이었지요. 더글러스 아주머니는 나를 양자로 삼아서 나는 아주머니 집에 살게 되었지요. 아주머니는 나에게 이런저런 예의범절을 가르치셨습니다.

나는 아주머니 집에서 살고 싶지 않았어요. 물론 아주머니는 좋은 사람이고 다정하게 대해 주셨죠. 그렇지만 나는 좋은 옷을 입는 것도 침대에서 자는 것도 예의 바르게 행동하는 것도 싫었어요. 그래서 어느 날 밤, 옛날에 입던 누더기 옷을 입고 도망쳤어요.

토마스 소여가 나를 찾아냈지요. 톰은 갱단을 만들 거라고 했습니다. **P. 15** 나도 갱단에 들려면 아주머니 집으로 돌아가야 한다고 했어요. 그래서 난 돌아갔지요.

내가 집으로 돌아가니까 아주머니는 굉장히 기뻐하셨어요. 아주머니는 "가엾은 길 잃은 양이 집으로 돌아왔구나."라며 막 우셨어요.

그러나 상황은 똑같았어요. 아주머니는 또 불편한 새 옷을 입으라고 하셨고 나는 침대에서 자야 했습니다. 사람들에게 예의 바르게 굴어야 했고요. 식사 예절도 갖춰야 했고요. 아주머니가 기도하시는 걸 기다렸다가 식사를 해야 했고요. 음식은 좋았지만 난 음식을 한데 섞어 꿀꿀이 죽처럼 먹는 게 더 좋았습니다.

더글러스 아주머니의 동생 되는 왓츤 아주머니가 자기 언니와 함께 살러 왔습니다. 이 아주머니는 나에게 글을 가르쳐 주겠다고 덤벼들었는데 한 시간 해보더니 그만두더군요.

어느 날 밤 방에 쓸쓸히 혼자 있는데 창문 밖에 "야옹, 야옹" 하는 고양이 우는 소리가 들려오는 겁니다. 하지만 고양이는 아니었어요! 톰 소여가 부르는 신호였어요. 나도 "야옹, 야옹!" 하고 대답했습니다. 그리고는 창을 빠져나가 친구를 만나러 갔습니다.

P. 16 우리는 숨을 죽이고 있었어요. 그런데 내가 부엌을 지나갈 때 그만 발이 걸려서 넘어지고 말았어요.

P. 17 왓츤 아주머니의 노예인 짐이 부엌 문간에 앉아 있다가 말을 했어요. "거기 누구야?"

짐은 일어서서는 뜰을 한 바퀴 어슬렁거렸어요. 어두웠기 때문에 톰과 나는 바닥에 꼼짝하지 않고 있었지요. 그런데 한쪽 발이 가려워지기 시작하는 거예요. 그렇지만 긁을 수는 없었죠. 긁으면 소리가 날까 봐요. 그런데 이번에는 귀가 가려워지기 시작했어요. 그러더니 곧 온 몸이 가려운 거예요!

그때 짐이 "누구야? 사람 소리가 들렸는데. 여기 밤새도록 앉아서 누가 나가는지 지키고 있을 거구먼."라고 했어요.

짐은 앉아서 나무에 등을 기대더니 다리를 쭉 뻗었어요. 숨소리가 거칠어지기 시작했어요. 그러더니 이내 코를 고는 거예요. 잠이 든 거지요! 이제 몸도 가렵지 않아서 우리는 살그머니 도망쳤지요.

우리는 마을 근처 언덕으로 올라갔어요. 거기는 마을의 불빛이 듬성듬성 보이는 곳이지요. 별빛 때문에 마을 옆 강이 보였지요. 우리는 조 하퍼, 벤 로저스, 그 외 우리 갱단의 다른 멤버들을 만났어요.

우리는 모두 강으로 걸어갔어요. 배를 타고 언덕에 나있는 구멍으로 갔습니다.

P. 18 촛불을 켜고 구멍으로 들어갔어요. 들어가니 커다란 동굴이 나왔습니다.

톰은 다음과 같이 선언했어요. "우리 갱단을 톰 소여의 갱단으로 부르기로 한다. 이 동굴은 우리의 은신처가 될 것이다. 우리는 맹세하고 피로 서명한다. 우리는 갱단에 충성한다. 갱단을 배신하는 사람이 있을 때는 그 사람의 가족을 죽이기로 한다."

벤 로저스가 "하지만 허크 핀은 가족이 없잖아. 그러니까 끼워줄 수 없어."라고 말했어요.

톰이 "허크에겐 아버지가 있어."라고 했습니다.

그러자 벤은 "하지만 일 년 전에 사라지셨잖아."라고 했어요.

다른 아이들도 이 문제를 얘기했습니다. 나를 끼워주지 않으면 어떡하나 걱정이 되었어요. 울고 싶었는데 좋은 생각이 떠올랐어요.

난 "내가 배신할 경우 왓츤 아주머니를 죽이도록 해."라고 말했지요.

다른 아이들도 찬성했고 나는 갱단에 낄 수 있게 되었습니다.

한 아이가 "우리는 어떤 갱단이야?"라고 물었습니다.

톰은 "우리는 강도야. 마스크를 쓰고 사람들의 물건을 빼앗는 거지. 돈도 빼앗고 시계도 빼앗지. 어떤 때는 사람을 납치해서 몸값을 받아낼 때까지 여기 가두는 거야."

"몸값이 뭔데?" 벤 로저스가 물었어요.

P. 19 "나도 잘 몰라. 하지만 책에는 그렇게 나와 있어. 우리는 사람들을 이 동굴로 데려오기도 하고, 죽이기도 할 거야. 하지만 여자는 잘 다루어야 해. 우리와 사랑에 빠질 수도 있으니까." 톰이 말했어요.

우리는 계속해서 납치 문제를 얘기했습니다. 우리는 그들을 감시하고 먹을 것도 주어야 합니다. 그건 힘든 일이겠지만 결국은 강도가 되기로 의견을 모았습니다.

우리가 이야기를 하는 동안 토미 반즈라는 한 꼬맹이는 잠이 들고 말았어요. 깨어나서는 울기 시작하는데 아마 겁이 난 모양이지요. 집에 가고 싶다, 강도가 되기 싫다는 거예요. 우리는 모두 비웃었지만 반즈는 막 화를 냈어요. 아무에게도 우리 갱단 이야기를 하지 않겠다고 했습니다. 톰은 입을 다물도록 그 아이에게 오 센트를 주었습니다. 우리는 일주일 뒤에 만나서 첫 강도질 계획을 세우기로 했습니다.

모두들 집에 갔습니다. 나는 동이 트기 직전에 창문을 통해 방으로 기어들어갔습니다. 입고 있었던 새 옷은 전부 더러워져 있었지요. 나는 피곤했기 때문에 잠들었습니다.

그날 아침 왓츤 아주머니는 나의 더러워진 옷을 보고 막 화를 내셨어요.

P. 20 나는 착한 아이가 되도록 해보겠다고 다짐했습니다.

그래도 우리는 톰 소여의 갱단 노릇을 한 달 정도 했습니다. 아무도 털지 않았어요. 납치도 하지 않았습니다. 그저 강도 시늉만 냈지요. 얼마 지나서 나는 강도 놀이를 그만 뒀고 곧 다른 아이들도 모두 그만뒀습니다.

2. 허크의 아버지

P. 21 서너 달 뒤 겨울이 되었고 더글러스 아주머니는 그 동안 나를 학교에 매일 보내고 있었습니다. 나는 글을 읽고 쓰는 법을 배우고 있었어요. 학교에서는 산수도 가르쳤지만 나에게는 그게 필요할 것 같지가 않았어요.

처음엔 학교 가는 게 싫었어요. 나중에 점점 좋아졌지만 말입니다. 학교 공부가 지겨울 때면 땡땡이를 쳤지요. 선생님은 다음 날 화를 내시고 매를 드셨어요. 하지만 난 상관 없었어요. 과부 아주머니랑 사는 것도 좋아지기 시작했습니다. 침대에서 자야 하는 건 여전히 고역이었지만 말입니다. 그래서 날이 따뜻할 때면 가끔 숲속에서 자곤 했어요. 옛날에 살던 방식이 더 좋았지만 이런 생활도 그럭저럭 참을 만했어요. 더글러스 아주머니는 내가 예의범절을 익혀 가고 있다고 말씀하셨어요.

아빠를 못 본 지 일 년이 넘어가고 있었지만 난 괜찮았습니다. 다시는 보고 싶지 않았거든요. 예전에 나를 많이 때렸으니까요.

P. 22 그래서 난 아빠가 있으면 숲속에 숨곤 했어요. 우리 아빠가 죽었다고 하는 사람도 있었지만 난 믿지 않았습니다. 어느 날 홀연히 나타나리라는 걸 알았으니까요.

어느 날 아침 학교 가기 전에 난 그만 소금 병을 엎지르고 말았어요. 소금을 쏟으면 불운이 찾아온다고 하지요. 난 그날 아침 학교로 가는 길 내내 신경이 쓰이고 걱정이 되었습니다. 뭔가 재수 없는 일이 일어날 거라고 생각했으니까요.

땅은 금방 온 눈으로 덮여 있었습니다. 누군가의 발자국이 보였는데, 가까이 가서 보니 왼쪽 신발의 십자가 자국이 눈에 찍혀 있었어요. 그건 우리 아빠의 발자국이었어요. 아빠는 악운을 쫓아낸다고 왼쪽 신발에 십자가를 박아놓았으니까요.

나는 있는 힘껏 달렸습니다. 아빠를 보고 싶지 않았어요. 아마 톰과 내가 발견한 돈 이야기를 듣고 돈을 얻으려고 온 것일 테지요. 나는 대처 판사님댁으로 갔습니다.

"판사님. 제 돈 가지고 계시죠?"

"그래, 허크. 물론이지, 필요하냐?"

"아뇨! 필요하지 않아요. 제 걸 가지세요. 제 걸 드릴게요. 전부 다요!"

판사님은 제 이야기를 듣고 놀라셨나 봐요.

P. 23 "제발 이유는 묻지 마세요. 그러면 거짓말을 안 해도 되니까요. 그냥 제 돈을 가지세요."

판사님은 잠시 생각하시더니 결국은 그러겠다고 하셨습니다. 우리 아빠가 이 곳에 나타나신 걸 모르셨지만 내가 곤경에 처해 있다고 짐작하신거죠. 종이를 한 장 꺼내시더니 계약을 하셨어요. 나는 서명을 했습니다.

그런 다음 나는 왓츤 아주머니의 노예인 짐을 찾으러 갔어요. 짐은 마술을 부릴 줄 알았거든요. 행운과 불운을 알고 미래를 예언할 줄도 알았어요. 짐에게 아빠 이야기를 하고 여기에 왜 왔는지, 얼마나 오래 있을 건지 물었습니다.

짐은 황소의 밥통에서 꺼낸 마술 털공을 꺼냈어요. 그 안에 예언을 해주는 혼령이 산다고 하더군요. 짐은 그 마술 공이 해주는 이야기를 듣고 그 이야기를 나에게 해주었어요.

"네 아버지도 잘 모르고 있어. 어떤 때는 여기에 있고 싶다가도 또 어떤 때는 가고 싶어 하지. 네 아버지를 쫓아다니는 착한 천사와 악한 천사가 있어. 착한 천사는 좋은 일을 하라고 시키고, 악한 천사는 나쁜 일을 하라고 말하지.

P. 24 하지만 넌 괜찮을 거야. 너는 일생 동안 기쁜 일도 있고 곤란한 일도 생기지. 병이 나겠지만 그 후에는 몸이 더 건강해질 거야. 일생 동안 두 명의 여자가 있어. 한 명은 부자고 다른 한 명은 가난해. 먼저 가난한 여자애와 결혼하겠지만 나중에는 부자와 결혼할 거구먼. 물을 조심해야 해. 그리고 위험한 짓은 절대 안 해야 된다고."

날이 어두웠으므로 나는 촛불을 켜고 내 방으로 올라갔습니다. 문을 열었더니 거기에 누군가 앉아 있는 거예요. 바로 아빠였어요!

예전에는 아빠가 무서웠지만 이제는 무섭지 않았어요. 그냥 좀 놀랐을 뿐이죠.

아빠는 쉰 살이 가까웠는데 나이보다 늙어보였어요. 머리는 길고 검고 더러웠죠. 수염도 덥수룩하게 자랐고요. 얼굴은 핏기가 없는 데다가 병자처럼 보였어요. 옷은 누더기이고 군데군데 구멍이 나있었죠.

의자에 기대 앉아 있다가 나를 보더니 말했습니다.

"꽤 좋은 옷을 입고 있구나. 이제 지체 높은 사람이라도 된 줄 착각하고 있는 모양인데."

"그럴 수도 있고 그렇지 않을 수도 있죠." 내가 대답했어요.

"나한텐 말대꾸 하지 마!" 아빠는 막 화를 냈어요. "내가 없는 동안 정말 목에 힘을 주고 있었구나. 듣자하니 글도 읽고 쓴다던데.

P. 26 아마 네 아비보다 훌륭하다고 생각하겠지. 난 글도 모르니까. 네 에미도 글을 몰랐지. 우리 집안에 글을 아는 사람은 없다. 네가 글을 알 필요가 있냐? 한번 읽어봐라."

나는 책을 한 권 집어들고 조지 워싱턴에 관한 글을 읽었어요. 아빠는 책을 낚아채더니 방 한쪽 구석으로 던졌어요.

"정말이구나! 읽을 줄 알아! 네가 글을 안다는 얘기를 들었을 때 내 귀를 의심했다. 네가 다시는 학교에 안 갔으면 한다. 거기선 네 아비보다 네가 더 훌륭하다고 가르칠 테니까."

아빠는 잠시 혼자 화가 나서 중얼거린 다음 또 말했어요.

"네 놈은 정말 근사한 멋쟁이가 되었구나. 좋은 방에서 침대에서 자고 말이야. 네 아비 되는 사람은 돼지와 같이 밖에서 자야 하는데 말이야. 네가 특별나지 않다는 것을 가르쳐 주마. 네가 부자가 됐다고 들었는데. 그래서 내가 돌아온 거다. 그 돈 내가 써야겠다."

"나한텐 돈이 없어요."

"거짓말 마라. 대처 판사가 네 돈을 맡아가지고 있다는 걸 알고 있는데. 당장 가져 오너라."

"정말 없다니까요. 판사님한테 가서 물어보세요. 말씀해 주실 테니까요."

"좋다. 그러마. 물어보고 실토하게 해야지.

P. 27 지금 네 주머니엔 얼마 있나?"

"일 달러밖에 없는데 난 그 돈으로…"

"네 놈이 그 돈으로 뭘 하든 내 알 바 아니다. 그 돈 내놔."

나는 그 돈을 아빠에게 주었고 아빠는 그 돈을 가져갔습니다. 가서 술을 사오겠다고 했어요. 아빠는 창문을 훌쩍 뛰어넘더니 다시 창문에 얼굴을 내밀고는 주제넘게 굴지 말라고 했습니다. 그리고 학교도 가서는 안 된다고 하는 겁니다.

다음 날 아빠는 술에 취한 상태로 대처 판사님을 찾아갔어요. 그리고 돈을 달라고 협박했어요. 판사님이 안 주겠다고 하시자 소송을 걸겠다고 했습니다.

마을에는 새로운 판사가 와있었는데 우리 아빠를 잘 몰랐어요. 소송은 수주 동안 진행되었습니다. 아빠는 여러 번 술에 취해 마을에 문제를 일으켰어요. 그래서 두세 번은 유치장에 갇히기도 했어요.

3. 허크 아빠의 오두막

P. 28 아빠는 더글러스 아주머니를 괴롭히기 시작했습니다. 아주머니는 아빠를 체포하겠다고 했습니다. 이 말이 아빠를 화나게 했는지 어느 날 집에 찾아와서는 날 납치했어요. 날 강으로 데려가서는 조그만 보트에 태웠어요. 강을 거슬러 올라간 다음 배에서 내려서 깊은 숲으로 데려갔어요. 거기엔 오래된 통나무 오두막집이 있었어요.

나는 도망치고 싶었지만 아빠가 이십사 시간 내내 감시하고 있었어요. 밤이 되면 아빠는 문을 잠그고 열쇠를 베개 밑에 두었어요. 아빠는 총도 가지고 있었죠. 우리는 사냥도 하고 물고기도 잡아서 먹을 것을 해결했습니다. 과부 아주머니는 나를 잘 데리고 오라고 사람을 보냈지만 아빠는 총으로 그 사람을 쫓아내버렸어요.

하지만 재미도 있었어요. 하루종일 담배도 피고 물고기도 잡으면서 뒹굴 수 있었으니까요. 공부할 책도 없었어요. 두 달이 지나니까 내 옷이 다시 누더기가 됐어요. 아주머니 집에서 지냈을 때를 생각해 보니까 그때는 머리도 빗으로 빗고 식사 예법도 익히고 일찍 잠자리에 들어야 했죠. 다시 돌아가고 싶지 않았어요. 아빠랑 이렇게 숲에서 지내는 것도 나쁘지 않았어요.

P. 29 하지만 그때부터 아빠는 다시 날 때리기 시작했어요. 한 번은 날 오

두막에 때려눕히고는 사흘 동안 돌아오지 않은 적도 있었어요. 나는 도망치기로 했습니다. 톱을 발견하고는 벽에 구멍을 내기 시작했습니다. 거의 다 끝나 갈 무렵 숲속에서 아빠의 총소리를 들었어요. 나는 담요로 구멍을 감추었지요. 그러자 아빠가 들어오더군요.

아빠는 평소와 마찬가지로 기분이 안 좋아보였어요. 재판이 뜻대로 안 되었나봐요. 내가 돌아가서 더글러스 아주머니와 살아야 하는 것 같았어요. 난 돌아가기 싫었기 때문에 걱정이 되었지요. 아빠는 그 어느 때보다 화가 나있었어요.

아빠는 나를 배 쪽으로 가라고 하더니 아빠가 싣고 온 물건을 가져오라고 했어요. 나는 무거운 옥수수가루 자루와 큼직한 돼지 고기와 대형 위스키 병을 가지고 오두막으로 왔어요. 나는 그날 밤 도망치기로 결심했지요. 아빠는 술에 취할 거고 그러면 세상 모르고 잘 테니까요. 그럼 난 톱질을 마저 하고 아빠의 총을 가지고 도망칠 거예요. 아주 아주 멀리요. 아빠나 더글러스 아주머니와 같이 살지 않고 혼자 살아갈 거예요.

P. 30 사냥을 하고 고기를 잡으면서 살 수 있겠지요.

내가 저녁을 준비하는 동안 아빠는 술을 마시기 시작합니다. 곤드레 만드레 되어가고 있었죠. 저녁을 먹고 나서도 계속 마셨어요. 혼자 중얼중얼 세상사를 불평했어요. 한 시간 뒤쯤이면 아빠는 완전히 뻗을 거라고 난 짐작하고 있었어요. 그러면 그때 나는 열쇠를 훔쳐서 도망칠 수 있겠죠.

아빠가 잠들기를 기다렸지만 아빠는 혼자 끙끙거리며 중얼거렸어요. 대신 내가 지쳐서 잠이 들고 만 거예요.

나는 비명 소리에 깨어났어요. 아빠는 뱀을 보고 소리를 지르면서 방을 이리저리 뛰어다니고 있었어요. 마치 미친 사람 같았어요. 뱀이 아빠의 다리 위로 올라왔다고 하는데 내 눈에는 뱀이 보이지 않았어요. 아빠는 넘어지더니 꼼짝도 못했어요. 난 아빠가 잠들기를 기다렸어요. 그런데 그 순간 아빠는 일어나더니 오두막 안을 빙빙 돌며 나를 쫓기 시작했어요. 날 죽이겠다면서요. 곧 아빠는 꼬꾸라지고 울면서 잠이 들었어요. 나는 총을 꺼내서 아빠를 겨누고 앉아 있었어요. 아빠가 깊이 잠들면 도망칠 생각이었죠. 시간이 아주 더디게 지나갔습니다. 나는 도망치기 전에 또 잠이 들었어요.

"일어나!" 아침에 아빠가 소리쳤어요. "그 총으로 뭘 하고 있는 거냐?"

"어젯밤 아빠가 잠들었을 때 누가 들어오려고 했어요."

P. 31 "좋다. 이제 강으로 가서 우리가 먹을 물고기를 잡아 오너라. 난 조금 뒤에 따라 갈 테니."

강으로 가자 강물이 차오르기 시작했어요. 유월에는 항상 그랬지요. 그때 괜찮은 카누 한 척이 강을 타고 내려오는 게 보였어요. 그 안에는 아무도 없었어요. 나는 헤엄을 쳐서 카누로 가서 강 기슭으로 몰고 왔어요. 카누가 비싸보였기 때문에 아빠가 좋아할 거라고 생각했어요. 그러나 바로 그때 좋은 수가 떠올랐어요. 나는 숲 속에 카누를 감추었어요. 틈이 나면 카누로 도망칠 수 있겠지요.

그날 아침 나절은 사냥하고 고기를 잡으면서 지나갔어요. 아빠는 마을에 갔다 오겠다고 하면서 날 오두막에 가두었어요. 나는 재빨리 구멍을 마저 톱질해서 오두막을 빠져나왔어요.

나는 남아있던 음식을 죄다 카누로 가지고 갔어요. 총이랑 필요하다고 생각되는 것은 모조리 가져갔어요. 가는 길에 멧돼지를 보고 총으로 쏘았어요. 그런 다음 강도가 나를 죽였다고 아빠가 생각하도록 수를 짰네지요.

나는 오두막으로 돌아와서는 구멍을 막았어요. 도끼로 문을 부수었어요.

P. 32 돼지의 피를 가져다가 여기저기 뿌려놓았어요. 자루에 돌멩이를 잔뜩 집어넣어서는 강으로 질질 끌고 갔어요. 다른 사람이 시체를 강으로 가져 간 것처럼 꾸민 거지요. 마지막으로 머리카락을 좀 뽑아다가 돼지 피와 함께 도끼 위에 묻혀놓고는 오두막에 놓아두었습니다. 나가서 돼지를 강 속에 빠트렸어요.

날이 거의 어두워지자 카누를 타고 강을 따라 내려갔어요. 모두 내가 죽었다고 생각할 거예요. 난 잭슨 섬에서 살기로 했습니다. 이 섬을 훤히 꿰뚫고 있었으니까요.

난 너무 피곤해서 카누에서 잠이 들었습니다. 일어나보니 내가 어디에 있는지 모르겠더군요. 달빛이 비치고 있었고 강은 정말 광활했습니다. 늦은 밤이 된 거지요.

그때 내 쪽으로 다가오는 다른 조각배를 보았습니다. 그 안에는 한 사람이 타고 있었습니다. 배가 가까이 다가왔을 때 보니 아빠였어요!

나는 최대한 빨리 카누를 돌렸습니다. 다행히 운이 좋았습니다. 아빠는 나를 보지 못했습니다. 이제는 내가 어디 있는지 알 것 같았습니다. 증기선 나루터 근처였어요. 거기엔 사람들이 있을 거고 나를 보겠지요. 그래서 카누 바닥에 바짝 엎드려 몸을 감추었어요.

P. 33 나루터를 지날 때 사람들 말소리를 들었어요. 한 사람이 새벽 세 시라고 하더군요.

사람들 눈에 안 띌 때쯤 다시 고개를 천천히 들었어요. 곧 잭슨 섬에 도착했습니다. 나무들 사이에 카누를 숨기고는 통나무 위에 걸터앉아 커다란 통나무 선적 배가 지나가는 것을 지켜보았습니다. 배 위에 있는 사람들이 마치 내 옆에 있는 것처럼 말소리가 들렸습니다.

해가 다시 솟아오르기 시작했고 나는 숲으로 들어가 아침을 먹기 전에 낮잠을 잤습니다.

4. 잭슨 섬에서의 새로운 생활

P. 34 "꽝" 하는 소리에 잠이 깨었습니다. 일어나니 그 소리가 또 한 번 들려왔습니다. 그때 나룻배 한 척이 떠내려 오고 있었어요. 하얀 연기가 나룻배의 대포에서 솟아오르고 있었어요. 내 시체를 물 위에 떠오르게 하려고 강 건너편에서 대포를 쏘아대고 있었던 겁니다.

그 나룻배가 가까이 다가왔기 때문에 배에 탄 사람들을 볼 수 있을 정도였습니다. 아빠, 대처 판사님과 그 부인인 베씨, 조 하퍼가 있었습니다. 톰과 폴리 이모, 시드, 메리까지 있었죠. 그밖에 다른 사람들도 있었습니다. 사람들이 살인 운운하는 소리를 들었습니다.

대포가 한 방 터졌고 나룻배는 강 밑으로 내려갔습니다. 점점 더 멀리서 이따금씩 "꽝" 소리가 들렸는데, 한 시간 후에는 아무 소리도 들리지 않았습니다. 그 뒤 나룻배는 잭슨 섬 반대편으로 올라갔습니다. 대포를 더 쏘아대더니 마을로 돌아갔습니다.

이제 안심해도 좋다는 걸 알았습니다. 더 이상 날 찾지 않을 테지요. 나는 고기를 잡으러 갔고 혼자 저녁을 해먹었습니다.

P. 35 어두워지기 시작하자 불을 지피고 모닥불 앞에 앉았습니다. 처음에

는 기분이 아주 좋았어요. 하지만 차츰 심심해지기 시작해서 잠을 자기로 했습니다.

그 후 사흘 동안은 물고기를 잡고 섬 구석구석을 돌아다니며 보냈습니다. 마치 섬의 주인이 된 것 같았죠. 그러다가 아직 불씨가 살아있는 모닥불을 발견했습니다. 나 혼자가 아니었던 겁니다! 심장이 두근거리기 시작했습니다. 나는 총을 집어들고 내가 있는 곳으로 조심스럽게 걸어왔습니다. 가끔씩 걸음을 멈추고는 무슨 소리가 들리는지 귀를 기울이기도 했지만 아무 소리도 들리지 않았습니다.

나는 기가 꺾인 채 야영 장소로 돌아왔습니다. 가지고 있던 물건을 전부 숨기고 지펴놓았던 불을 껐습니다. 지난 해 우리가 피운 옛날 야영처럼 보이게 만들었습니다. 나무에 올라가서 두 시간 동안 숨어있었어요. 아무 소리도 들리지 않았지만 무수한 소리가 들려오는 것처럼 생각이 되었지요. 하지만 그 나무에서 영원히 살 수는 없었으므로 내려왔습니다. 숲이 우거진 곳에 숨어 열매를 따먹었습니다.

밤이 되자 무척 허기가 졌습니다. 살며시 카누로 걸어갔지요. 그리고 강 반대편으로 가서 불을 지폈습니다.

P. 36 저녁을 해먹었습니다. 거기서 밤을 보낼 작정이었어요. 그러나 바로 그때 사람과 말 소리를 들었습니다.

"여기에 진을 치자." 한 사람이 말했습니다.

나는 조용히 그리고 빨리 카누로 돌아왔습니다. 잭슨 섬으로 와서 카누에서 잤습니다. 그날 밤 잠을 제대로 자지 못했습니다. 너무나 겁이 났기 때문에 이 섬에 나 말고 누가 있는지 알아보기로 했습니다.

아침이 되자 모닥불을 보았던 곳으로 살금살금 갔습니다. 불가에 한 남자가 자고 있었어요. 그 남자가 이리저리 뒹굴었기 때문에 누구인지 금방 알아봤습니다.

P. 37 그 사람은 바로 왓츤 아주머니의 노예 검둥이인 짐이었습니다! 그를 보자 너무나 기뻤죠.

"어이, 짐!"

짐은 펄쩍 뛰었는데 겁에 질려 있었어요. 무릎을 꿇고 주저앉더니 두 손을 모았습니다.

172

"제발 절 해치지 말아 주세요. 전 귀신도 다치게 한 적이 없구먼유. 전 죽은 사람이 좋아요. 강으로 돌아가세요. 아무 짓도 하지 말고요. 전 항상 당신 편이었어요."

나는 짐에게 죽지 않았다고 설명을 했습니다. 나는 짐을 보자 무척 기뻤거든요. 이제 더 이상 혼자가 아니니까요. 짐에게 여기 온 지 얼마 되었는지 물었습니다.

"도련님이 죽은, 아니 사람들이 죽었다고 생각한 다음 날 밤에 왔어요. 그동안 열매를 따먹고 살았지요. 이 섬에 먹을 게 없으니까요."

나는 짐을 카누로 데려가서 먹을 것을 꺼내서는 근사한 아침을 해먹었습니다. 짐은 너무너무 좋아했어요. 나는 내가 도망친 이야기를 들려주고 짐에게 이 섬에 온 이유를 물었습니다. 짐은 말이 없더니 시무룩한 표정이 되었습니다. 그리고 이야기를 시작하더군요.

P. 38 "아무한테도 말 안 하겠다고 약속하는 거죠?"

우리는 친구니까 나는 "그래."라고 대답했습니다.

"도망쳤어요!"

"짐!" 난 꽤 소리를 질었습니다. 짐은 도망친 노예였던 겁니다! 아주 난처한 상황인 거죠.

"아무한테도 말 안 하겠다고 약속했지요?"

"그래, 약속해. 말 안 할게. 다른 사람들이 나에 대해 뭐라고 떠들든 난 상관없으니까. 도망친 이유를 얘기해줘."

"저, 왓츤 마님이 나에게 심하게 굴 때가 있었어요. 그렇지만 뉴올리언즈에는 절대 팔지 않겠다고 하셨는데 더글러스 부인댁으로 오는 노예상을 봤지요. 좀 신경이 쓰이는데 어느 날 밤에 왓츤 마님이 저를 뉴올리언즈로 팔겠다는 얘기를 들은 거예요. 마님도 원하시지는 않지만 팔백 달러를 받을 수 있다는 거예요. 많은 돈이지요. 나는 팔리는 것도 싫고 노예인 것도 싫어요. 그래서 도망쳤어요. 그리고 난 이제 부자구먼요!"

"부자라니 무슨 말이야?"

"내가 내 몸뚱아리를 가지고 있잖아요. 내가 팔백 달러니까요. 물론 그런 돈이 있으면 좋겠지만 말이에요."

P. 39 그날 짐과 나는 함께 섬을 헤매고 다녔습니다. 섬 중앙에는 커다란 동굴이 있었어요. 방 두세 개를 합친 만큼 컸어요. 카누에 있던 물건을 전부 동굴로 가져다 놓았어요. 그리고 융단 대신 담요 몇 장을 바닥에 깔았지요. 그런 다음 동굴에서 저녁을 해먹었습니다.

천둥을 동반한 폭풍우가 동굴 안으로 몰려들었습니다. 우리는 안전하고 비도 들어오지 않는 동굴에서 번개가 치는 것도 지켜보고 천둥소리도 들었어요. 난 짐에게 이 세상 어떤 곳으로도 가고 싶지 않다고 말했어요. 짐도 그렇게 말했고요. 내가 자기를 찾아주어서 좋다고 하더군요.

강물이 열흘 넘게 차올랐어요. 어느 날 밤에는 꽤 괜찮은 커다란 뗏목을 찾아냈어요. 우리는 그것을 강가로 가지고 갔어요.

P. 40 다음 날 밤, 참 이상한 광경을 보게 되었어요. 강에 이층짜리 집이 떠 있지 않겠어요! 우리는 카누를 타고 그쪽으로 가서 이층 창문으로 기어올라 갔지요. 어두웠지만 집 구석구석을 살폈습니다. 바닥에 뭔가 누워 있었어요. 사람처럼 보였어요.

"여보슈." 짐이 말을 건넸습니다.

남자가 꼼짝도 하지 않길래 내가 소리쳤죠.

"자고 있는 게 아니야, 죽었어. 내가 한번 살펴볼게."라고 짐이 말했어요.

짐은 그 남자에게 다가가더니 몸을 숙여 살펴보았습니다.

"맞아, 죽었어. 등에 총을 맞았구먼. 죽은 지 이삼 일은 된 것 같은데. 보지 마. 무서우니까."

난 보고 싶지도 않았습니다. 짐은 시체 위에 누더기 옷을 던져놓았어요. 우리는 집을 뒤졌어요. 여자 옷도 너부러져 있었지요. 우리는 옷가지랑 손전등, 나이프, 그 외 우리에게 소용이 된다고 생각하는 것을 카누로 가지고 와서 잭슨 섬으로 노를 저어 돌아왔습니다.

우리는 섬으로 돌아와서 아침을 해먹었습니다. 나는 그 죽은 사람에 대해 이야기를 하고 싶었지만 짐은 그러면 재수가 없다고 했어요.

P. 41 그래서 우리는 조용히 있었습니다. 누가 그 사람을 죽였는지 정말 궁금했어요. 우리가 가져온 옷가지를 살펴보았습니다. 웃옷 주머니에는 팔 달

러가 들어있었어요. 짐에게 재수가 없는 게 아니라 재수가 좋다고 말했더니 짐이 말했습니다.

"기다려. 이제 곧 악운이 닥쳐올 테니."

그날은 화요일이었는데, 금요일 밤에 악운이 찾아왔습니다. 내가 방울뱀을 발견하고 죽여버린 겁니다. 그리고 자고 있던 짐의 발 근처에 죽은 뱀을 놓아두었지요. 짐이 일어나서 뱀을 보면 재미있을 거라고 생각해서요. 나는 뱀 일은 잊어버리고 잠이 들었습니다.

그런데 한밤중에 짐의 비명소리가 날 깨웠어요. 죽은 뱀의 짝이 와서 짐의 발을 물어버린 거예요. 뱀은 항상 죽은 짝을 못 잊고 찾아온다는 미신을 내가 깜빡하고 만 거지요. 짐의 발은 엄청나게 부풀어 올랐습니다. 나흘 동안 걷지도 못했어요.

6. 변장한 허크

P. 42 강물은 며칠 동안 수위가 낮아졌습니다. 이제 짐도 걸을 수 있게 되어서 함께 사냥도 하고 물고기도 잡았죠. 심드렁해지자 뭔가 새로운 걸 하고 싶었어요. 밤에 마을로 살며시 들어가기로 한 겁니다. 짐도 좋은 생각이라고 했어요. 조심하고 또 조심해야 한다고 신신당부했어요. 짐은 우리가 떠다니는 집에서 찾은 여자 옷을 걸치는 게 어떠냐고 했습니다. 여자처럼 변장하면 아무도 못 알아볼 테니까요.

나는 배를 저어 마을 근처 강가로 갔어요. 촛불이 밝혀진 조그마한 오두막집을 보았습니다. 그리로 걸어가니 마흔쯤 된 아주머니가 불가에서 뜨개질을 하고 있었어요. 전에는 한 번도 못 본 분이었죠. 운이 좋은 것 같아서 문을 두드렸습니다. 아주머니는 문을 열더니 안으로 들어오라고 했습니다.

"들어오너라." 아주머니는 이렇게 말했습니다. "앉거라. 이름이 뭐지?"

"사라 윌리엄즈예요."

P. 44 "어디서 왔니?"

난 이야기를 꾸며댔습니다.

"후커빌에서 왔어요. 강가에 있는 마을이에요. 엄마는 아프시고 삼촌한테 돈을 좀 얻으려고 왔어요. 마을 반대편에 사세요. 이름은 앱너 무어고요. 그 분을 아세요?"

"아니. 난 이 마을에 온 지 얼마 안 돼서 사람들을 잘 몰라. 마을 반대편이라면 꽤 먼 거리야. 오늘 밤엔 여기 있거라. 모자를 벗지 그러니?"

"아, 아니에요." 나는 초조하게 말했습니다. "잠깐만 있다 갈게요."

아주머니는 혼자 가면 안 된다고 하셨어요. 남편이 곧 돌아오니 나를 데려다 줄 수 있다고 했습니다. 아주머니는 계속해서 가족 이야기를 했어요. 이야기를 계속하다 급기야 톰과 내가 돈을 발견하게 되고, 우리 아빠가 그걸 찾으러 왔다는 이야기까지 하게 되었습니다. 그리곤 내가 살해 당했다는 얘기까지 하기 시작했지요.

"누가 죽였나요? 우리도 후커빌에서 그 이야기를 듣기는 했지만 누가 죽였는지는 못 들었어요."

"처음에는 허크 스스로 목숨을 끊었다는 말이 돌았는데, 이제는 왓츤 양의 노예인 짐이 범인이라고 해. 허크가 죽은 날 그날 밤에 짐이 도망쳤거든. **P. 45** 사람들은 지금 짐을 찾고 있어. 삼백 달러의 현상금이 걸렸거든. 그리고 허크의 아버지도 찾고 있어. 그 사람은 나룻배를 타고 아들을 찾아 나섰는데 그 사람도 같은 날 도망쳤지. 그 사람에게는 이백 달러의 현상금이 걸려 있어. 대처 판사에게 맡겨진 아들의 돈을 빼앗으려고 아들을 죽였다고 사람들이 생각하고 있어."

"그러면 이제 짐은 안 찾고 있어요?" 내가 물었지요.

"아니, 많은 사람들이 아직도 짐이 한 짓이라고 생각해. 곧 찾아낼 거야. 그러면 진상을 알게 되겠지. 삼백 달러 현상금을 노리는 사람이 많거든. 어디 있는지 나도 알 것 같아. 잭슨 섬에 있지 않을까? 우리 남편과 친구들이 오늘 밤 그곳으로 갈 거야."

나는 너무너무 걱정이 되었습니다. 손까지 덜덜 떨리기 시작했어요. 아주머니는 나를 수상하다는 듯이 쳐다보았어요. 그래서 영 자리가 불편한데 아주머니가 또 물었어요.

"이름이 뭐라고 했지?"

"메, 메리 윌리엄즈요." 대답을 해 놓고 보니까 실수했다는 것을 알고는 아주머니 얼굴을 쳐다볼 수가 없었어요.

P. 46 "사라 윌리엄즈라고 한 것 같은데."

"아, 네, 그랬지요. 사라 메리 윌리엄즈예요. 사람들이 사라라고 부르기도 하고 메리라고 부르기도 하고 그래요."

걱정이 덜 되었지만 그래도 자리를 뜨고 싶었어요. 아주머니는 또 이야기를 시작했어요. 자기 집이 얼마나 가난한지와, 집에 있는 쥐 얘기도 했어요. 쥐들이 먹을 것을 찾아 집안으로 들어오면 아주머니는 물건을 집어던진다는 거예요. 테이블 위에 납덩어리가 있는데 그걸 쥐에게 던진다는 겁니다. 쥐 한 마리가 나타나자 아주머니는 납덩어리를 던지더군요. 아주머니는 팔을 다쳤다고 다음 번에는 나보고 던져 달라고 부탁했습니다. 쥐가 다시 나타나서 내가 던졌습니다. 아주 세게 던졌지만 빗나갔어요. 다음 번에는 제대로 맞힐 수 있을 거라고 아주머니가 말하더군요.

아주머니는 뜨고 있던 뜨개실을 나에게 주면서 양손으로 들고 있으라고 했습니다. 그러면서 계속 남편 이야기를 했어요.

"다음 번에 쥐가 나타나면 잡게 납덩어리를 가지고 있어."

아주머니는 내 무릎에 납덩어리를 떨어뜨렸습니다. 나는 다리를 오므리고 옷으로 납덩어리를 잡았습니다. 그러자 아주머니가 쳐다보더군요. 얼굴 표정이 심각했지만 기분 좋은 얼굴이었습니다.

P. 47 "네 진짜 이름이 뭐니? 빌리냐, 톰이냐, 그것도 아니면 밥이냐?"

나는 겁이 났고 몸이 떨리기 시작했습니다. 어떻게 해야 할지 무슨 말을 해야 할지 몰랐지만 이렇게 말했습니다.

"저 같이 불쌍한 소녀를 놀리지 마세요. 이제 가야겠어요."

"안 된다. 자리에 앉거라. 걱정할 것 없다. 네 얘기는 아무한테도 안 할 테니까. 누가 괴롭혀서 가출을 한 모양이구나. 나에겐 털어놓아도 좋다. 어서 얘기를 해주려무나. 착하지?"

나는 또 새로운 이야기를 꾸며댔습니다. 어머니와 아버지가 돌아가셨고 그래서 어느 나이든 농부에게 보내져 고생을 했다고 했습니다. 농부의 딸의 옷을 훔쳐서 달아났다고 했어요. 고센에 있는 앱너 무어 삼촌이 도와줄 거라고 얘기했습니다.

"고센이라고? 여기는 고센이 아냐. 여긴 세인트 피터즈버그야. 고센은 강 상류에 있단다."

"이런!" 난 소리를 질렀습니다. "오늘 밤 삼촌을 만나야 하는데.
P. 48 가야겠어요."

"그럼 먹을 것을 싸줄 테니 가져가거라." 그러더니 아주머니는 이렇게 물었습니다. "그런데 네 진짜 이름이 뭐니?"

"조지 피터즈예요, 아주머니."

"네 이름을 잘 기억하렴. 또 가기 전에 알렉산더라고 하지 말고. 그리고 조지 알렉산더라고도 하지 말거라. 어딜 가더라도 여자들 곁에는 가지 말고. 그런 옷으로 남자는 속일 수는 있지만 여자는 절대 속일 수 없어. 난 널보자마자 남자라는 걸 알고 시험해본 거란다. 넌 납덩어리를 던지는 것도 계집애가 아니라 사내애였어. 사내아이들은 너처럼 팔로 던지지만 계집애들은 온 몸으로 던진단다. 그리고 계집애들은 옷으로 뭘 잡을 때 양다리를 벌린단다. 그런데 너는 오므렸지. 자, 사라 윌리엄즈 조지 알렉산더 피터즈야. 삼촌을 보러 가거라. 삼촌을 만나면 나에게 전갈을 주려무나. 내 이름은 주디스 로프터스 부인이란다. 내 힘 닿은 한 너를 도와주마. 강으로 난 길을 따라 올라가면 고셴이 나온단다."

나는 그 집을 나와서 오십 보쯤 걸은 후 최대한 빨리 카누가 있는 곳으로 달렸습니다. 서둘러 노를 저어 잭슨 섬에 당도했습니다. 캠프로 힘껏 달렸지요. 짐은 자고 있었어요.

"일어나! 우리를 쫓고 있단 말이야! 어서 가야 해!"

P. 49 짐은 아무 것도 묻지 않았습니다. 말 한마디 하지 않았지만 겁에 질린 것 같았어요. 우리는 야영 불을 끄고 야영지를 감추었습니다. 우리 물건을 전부 이전에 찾아낸 뗏목으로 옮겼습니다. 뗏목에 카누를 묶고 강을 따라 아무 말없이 천천히 떠내려갔습니다.

7. 난파된 증기선

P. 50 그 후 며칠 동안 우리는 뗏목을 타고 강을 따라 내려갔습니다. 낮에는 숲에 숨고 날이 덥거나 비가 오면 텐트에 있었습니다. 밤이 되면 강을 따라 떠내려갔습니다. 굳이 노를 저을 필요는 없었어요. 증기선이 지나갈 때

178

마다 몸을 숨겼습니다. 여러 마을을 지나갔어요. 숱한 불빛의 대도시 세인트 루이스도 지났지요.

매일 밤, 나는 마을에 몰래 들어가 베이컨이나 밀가루를 샀습니다. 닭을 슬쩍 훔쳐오기도 했지요. 해가 뜨기 전 아침에는 밭으로 몰래 기어가 수박이나 호박, 옥수수 등을 서리하기도 했지요. 오리 사냥을 하기도 했습니다.

우리가 세인트 루이스를 지난 지 닷새째 되던 밤, 거센 폭풍우를 만났습니다. 비가 억수 같이 퍼부어대기 시작했습니다. 번갯불이 번쩍 하고 비치자 그 순간 난파된 증기선이 보였습니다. 바위에 부딪힌 것이었습니다. 우리는 그리로 똑바로 떠내려 갔습니다.

"저 배에 올라타자!" 나는 짐에게 말했습니다.

"안 돼. 너무 위험해. 야경꾼이 있을지도 몰라."

P. 51 "저 배 위에 야경꾼 따위는 없어. 금방이라도 가라앉겠는데 뭐. 그리고 값어치 있는 물건들이 많을지도 몰라."

짐은 투덜거렸지만 이내 굴복하고 말았습니다. 짐은 우리가 배에서 조용히 해야 한다고 했습니다. 다시 번갯불이 번쩍 했고 우리는 그 증기선으로 올라갔습니다.

우리는 선장실 입구로 갔습니다. 복도 저쪽에서 목소리가 들려왔습니다. 짐은 기분이 좋지 않다며 돌아가자고 했습니다. 짐을 따라 나가는데 무슨 말소리가 들렸습니다.

"안 돼! 제발 그러지 말아 주게. 절대 입 밖에 내지 않을 테니."

그러자 다른 목소리가 들렸습니다. "거짓말을 하고 있군, 터너. 자넨 전에도 이런 식이었어. 자넨 항상 자네 몫 이상을 챙기지. 이미 거짓말을 너무 많이 했어. 비열한 데다가 배반도 잘 하는 개자식 같으니라고!"

짐은 벌써 뗏목 있는 데로 가 있었습니다. 나는 톰 소여를 생각했습니다. 톰이라면 어떻게 했을까? 꽁무니를 빼지는 않겠지요. 그러니까 나도 남기로 했습니다. 목소리가 들리는 쪽으로 엉금엉금 기어갔습니다. 마루에 몸이 묶인 한 남자가 있었습니다. 그 위에 두 사나이가 서있었어요.

P. 52 그 중 한 사람은 등불을 들고 있었습니다. 다른 한 사람은 총을 들고 마루에 묶인 남자에게 총구를 들이밀고 있었어요.

"자네를 죽이고 싶어." 그는 이렇게 말했습니다.

"제발 살려줘, 빌." 마루에 묶인 남자는 소리를 질렀습니다. "죽어도 말하지 않을 테니."

"정말 그럴 테지." 등불을 든 남자가 말했습니다. "말하지 않겠지. 그 총을 집어 치워, 빌."

"그럴 순 없어. 난 이 놈을 죽이고 싶다고!"

"난 저 놈이 죽는 걸 원치 않아." 등불을 든 남자가 말했습니다.

"고마워, 고마워, 제이크 패커드. 이 은혜는 항상 기억하고 있겠네." 마루에 묶인 남자가 말했습니다.

패커드는 내가 숨어 있는 객실의 건너 편으로 걸어갔습니다. 그는 빌에게 그리로 오라는 몸짓을 했지요. 둘은 위스키를 마시더니 나지막이 이야기를 나누었습니다.

"터너를 죽이고 싶은데. 그 놈은 밀고할 거야. 자네도 알지 않나. 놈을 죽이고 싶어."

"나도 동감이야." 패커드가 말했습니다.

"뭐라고?" 빌은 어리둥절해 했지요. "자넨 놈이 죽는 걸 원치 않는다고 한 것 같은데."

"잘 들어봐. 총으로 쏴 죽이는 것도 좋지.

P. 53 하지만 더 조용히 해치우는 방법이 있다고. 이 배에서 가지고 나갈 수 있는 물건은 다 가지고 나가자고. 그런 다음 놈을 여기에 버려 두고 가는 거야. 이 증기선은 곧 가라앉을 거야. 그러면 누가 우리를 살인자라고 하겠어? 그냥 저절로 물에 빠져 죽은 건데!"

"좋은 생각이야! 그런데 배가 가라앉지 않는다면?" 빌이 말했어요.

"기다리면서 지켜보자고."

"좋아. 가자."

둘은 객실을 나갔고 나는 어둠 속에서 짐을 찾으러 갔습니다.

"서둘러, 짐. 저 배에 살인자가 두 명 있어. 이제 그 놈들의 배를 찾아서 강으로 밀어넣어 버리자. 그러면 놈들은 저 증기선에 갇히고 보안관들이 나중에 발견할 수 있겠지! 난 이쪽을 찾아볼 테니, 넌 반대편을 찾아봐. 우리 뗏목이 있는 곳에서부터 시작해."

"우리 뗏목이라고?" 짐이 걱정된 목소리로 물었습니다. "뗏목이 없어졌어. 밧줄이 끊어져서 강으로 떠내려 갔어. 우린 이 배에 갇힌 거라고!"

난 겁에 질려 기절할 것만 같았습니다. 살인자 두 명과 난파선에 갇힌 꼴이 되다니.

P. 54 이제 우리는 그들의 보트를 찾아야 하는 수밖에 도리가 없었습니다. 우리는 계속 찾았지만 보이지 않았습니다. 짐이 포기하려고 하는 순간 소형 보트를 찾아냈습니다. 우리는 너무나 감사했습니다. 재빨리 보트에 올라 탔는데, 그 순간 두 명 중 한 명이 문에 머리를 내밀지 뭡니까! 그러나 그는 우리를 보지 못했어요.

우리는 몸을 숨겼습니다. 패커드와 빌이 소형 보트에 올라탔습니다. 그리고 빌이 말했습니다.

"이 봐. 터너 녀석 주머니에 든 돈을 잊어버리고 안 가지고 왔어."

"그렇군. 가서 가져 오자고." 패커드가 말했습니다.

둘은 보트에서 내려 난파선으로 다시 갔습니다. 그리고 문 안으로 들어가서는 문을 쾅 닫았습니다. 짐과 나는 재빨리 소형 보트에 올라타고는 밧줄을 자르고 강을 따라 내려 갔습니다.

노를 저을 필요는 없었지요. 그냥 조용히 미끄러져 갔으니까요. 곧 우리는 멀리 와 버렸고 날은 어두워졌습니다. 이제 안심해도 된다는 것을 알았지요.

우리는 난파된 증기선의 등불이 깜빡이는 것을 보았습니다. 빌과 패커드는 자신들의 소형 보트가 없어진 것을 지금쯤 알겠지요. 터너와 같은 처지에 놓이게 됐다는 것을 이제는 깨닫기 시작했을 겁니다.

짐은 노를 젓기 시작했는데 나는 그 세 사람이 걱정이 되기 시작했어요.

P. 55 짐에게 말했어요.

"다음에 보게 되는 마을에서 무슨 이야기를 꾸며내서 저 세 사람을 도와주자."

그러나 이 계획은 실패로 돌아갔습니다. 다시 비가 내리기 시작했고 지난번보다 더 굵은 비였지요. 불빛이라곤 하나도 보이지 않는 마을을 지나왔습니다. 비 때문에 모두가 잠든 것 같았지요.

한참 뒤 비는 그쳤습니다. 그러나 여전히 구름이 잔뜩 끼여 있었습니다. 그리고 번개도 간간히 쳤습니다. 우리는 잃어버렸던 우리의 뗏목을 찾았고,

살인자의 보트에 있던 쓸 만한 물건들을 그리로 옮겼지요. 그런 다음 불빛을 보았는데, 나는 짐에게 그 악당놈들의 보트를 타고 불빛 나는 곳으로 가보겠다고 했습니다. 짐에게는 그 동안 우리 뗏목에서 등불을 들고 기다리라고 당부했습니다.

나는 불빛이 있는 쪽으로 갔고 나루터 근처에 잠들어 있는 야경꾼을 발견했습니다. 나는 짐짓 울면서 그 사람을 깨웠습니다.

"왜 그래?" 그 사람은 잠에서 깨어나더니 물었어요. "무슨 일이냐, 애야?"

"우리 엄마랑 아빠랑 누나, 모두 저 강 위의 난파선에 갇혔어요." 나는 소리를 쳤습니다.

P. 56 "이런! 내가 가서 구해주마. 넌 여기 있거라." 야경꾼이 말했습니다.

그가 간 후 나는 우리 뗏목으로 돌아와서 짐을 찾으러 강을 따라 내려갔습니다. 그 세 사람을 도운 걸 더글러스 아주머니가 아시면 매우 흐뭇해 하실 거라고 생각했어요.

그러나 순간 너무 늦었다는 걸 알았습니다. 그 난파선이 강을 따라 떠내려오고 있었던 겁니다. 물 속 깊이 처박혀서요. 그 악당들이 안됐다는 생각은 들었지만 그리 슬프지는 않았습니다.

한참이 지나서야 나는 짐을 발견했습니다. 해가 떠오르기 시작했을 때 우리는 섬 하나를 찾을 수 있었습니다. 우리는 뗏목을 감추고 소형 보트를 물에 가라앉혔습니다. 그리고 섬에서 죽은 듯이 잠을 잤습니다.

8. 강에서 길을 잃다

P. 57 잠에게 깨어났을 때 우리는 그 악당들의 물건들을 살펴보았습니다. 장화랑 담요랑 옷가지랑 책이랑 그밖의 갖가지 물건, 또 시가도 세 갑이나 나왔습니다. 우리는 부자가 된 거지요! 우리는 오후 내내 얘기나 하고 보냈습니다. 시가도 피웠습니다. 나는 책을 소리 내어 읽었습니다. 나는 난파선에서 본 것과 들은 것을 짐에게 이야기했습니다. 짐은 내가 없어졌을 때 겁이 나 죽을 뻔했다는 겁니다. 나는 짐이 빠져 죽은 줄 알았지요. 설령 빠져죽지 않더라도 누군가 짐을 구하고 왔튼 아주머니에게 돌려보내겠지요.

그러면 아줌마는 그를 남쪽으로 팔아넘겼을 테고.

나는 짐에게 왕이니 귀족이니, 또 그 사람들이 어떻게 사는지 어떤 옷을 입고 다니는지, 어떤 방식으로 말하는지 책의 내용을 읽어줬습니다.

"나는 솔로몬 왕밖에 몰라. 왕들은 하루 종일 뭘 하지, 헉?"

P. 58 "음, 하루 종일 앉아 있지. 전쟁이 나면 싸우고. 심심할 때는 의원들을 만나지. 하지만 대부분은 하렘에서 시간을 보내지."

"하렘이 뭐야?"

"자기 마누라들을 두는 데야. 솔로몬 왕도 하렘이 있었어. 마누라가 백만 명이나 되었지."

짐은 솔로몬 왕에 대해서 알고 있는 것을 죄다 말했습니다. 우리는 솔로몬 왕이 얼마나 지혜로운지도 얘기했습니다. 그 다음 나는 교수형을 당한 프랑스의 루이 16세에 대해 이야기해줬습니다.

"불쌍한 사람이군." 짐이 말했습니다.

"미국으로 도망갔다고 하는 사람들도 있어."

"그거 잘됐군. 하지만 되게 심심했겠다. 여긴 왕이란 게 없잖아. 그럼 그 사람 일자리도 없을 거고."

"경찰이 될 수도 있었겠지. 아님 사람들에게 프랑스 말을 가르치거나."

"프랑스 사람들은 우리랑 다르게 말해?"

"그럼. 넌 그 사람들이 말하는 걸 이해 못 해."

P. 59 "그건 왜 그렇지?" 짐이 물었습니다.

"고양이가 우리처럼 말하든? 소는? 그렇지 않지. 그건 당연한 거야. 프랑스 사람들이 다르게 말하는 건 당연한 거지."

"프랑스 사람도 사람이지?"

"그럼."

"그러면 왜 우리와 다르게 말해?"

나는 짐과의 논쟁을 포기했습니다.

우린 생각에 카이로까지 가는데 사흘 밤이 걸릴 것 같았습니다. 카이로는 일리노이 주 남쪽 끝에 있는 마을이었어요. 카이로에 가면 우리가 타던 뗏목을 팔고 오하이오 주로 가는 증기선을 타는 겁니다. 오하이오는 자유주여서 거기엔 노예가 없었지요. 짐은 자유의 몸이 되고 그렇게 되면 우리는 안

심할 수 있지요.

둘째 날 밤, 짙은 안개가 끼었습니다. 뗏목을 나무에 매어 놓고 안개가 걷힐 때까지 강변에서 기다리기로 결정했습니다. 안개가 너무 짙게 깔려 앞이 보이지 않았어요. 나는 카누를 타고 뗏목을 나무에 묶으려고 했지만 밧줄이 자꾸 손아귀에서 빠져나가는 겁니다.

P. 60 그 바람에 짐을 태운 뗏목은 강으로 떠내려가고 말았지요.

나는 노를 저어 짐과 뗏목을 쫓아갔습니다. 나는 짐을 찾아 소리를 쳤습니다. 짐은 대답을 했습니다. 그런데 찾을 수는 없었어요. 짐의 이름을 부를 때마다 대답이 오는 곳이 달랐습니다. 어떤 때는 가까이 있는 것 같기도 하다가, 또 어떤 때는 멀리 있는 것 같기도 했습니다. 우린 둘 다 안개 속에 길을 잃은 겁니다. 조금씩 볼 수 있게 되었지만 짐이 섬의 반대편에 있다는 걸 알게 되었습니다. 나보다 빨리 떠내려 가고 있었던 겁니다.

나는 곧 강의 한가운데로 오게 되었습니다. 짐은 찾았지만 대답이 없었습니다. 나무 지친 나머지 이십 분 동안 잠을 자기로 했습니다. 잠에서 일어난 후에 짐을 찾을 생각이었습니다.

일어나보니 안개는 걷혀 있었고 무수한 별들이 보였습니다. 카누를 타고 강을 따라 빠르게 떠내려 갔습니다. 이제는 강폭이 넓어지고 양쪽 가에 키 큰 나무들이 있었습니다. 그때 검은 점이 보였습니다. 그 쪽으로 노를 저어 가보니 그건 통나무였어요. 또 다른 점이 보였습니다. 이번에는 우리 뗏목이었습니다. 짐은 머리를 손에 파묻고는 자고 있었습니다. 노 하나는 부러져 있었고 나뭇잎과 나뭇가지들이 뗏목 여기저기에 흩어져 있었습니다. 짐이 고생을 했다는 것을 알 수 있었습니다. 나는 뗏목에 올라타고 짐 옆에 누웠습니다. 그리곤 말했습니다.

P. 61 "짐, 내가 잠 들었었나?"

"허크!" 짐이 소리쳤습니다. "살아 있었구나! 물에 빠져 죽은 줄 알았어! 어디 갔었어?"

"무슨 일이야, 짐? 술을 마셨어? 왜 그런 헛소리를 하고 그래?"

"술? 헛소리? 대체 무슨 말이야?"

"내가 어디로 갔다온 것처럼 네가 말했잖아. 난 밤새 여기 있었다고."

"허크, 사실대로 말해줘. 안개 속에 길을 잃은 거야, 아니야?"

"안개? 무슨 안개? 지난 밤 안개 따위는 없었어. 술을 마신 게 아니라면 꿈을 꾼 게 분명해."

"내가 어떻게 꿈을 꾸지? 십 분밖에 안 잤는데."

"하지만 난 내내 여기 있었다고."

짐은 한오 분 동안 가만히 있더니 말했습니다.

"그럼 전부 꿈이었나봐. 그런데 꼭 진짜 같았지. 그리고 지금 몸이 녹초가 됐어, 진짜처럼 말이야."

P. 62 "꿈도 사람을 녹초로 만들어 버리는 수가 있으니까. 정말 기통찼던 꿈인 것 같군. 어디 한번 지세히 말해봐."

짐은 낱낱이 이야기를 해줬습니다. 그 말을 다 하는 데 시간이 많이 걸렸지요. 짐이 말을 마치자, 나는 부러진 노와 뗏목에 있는 나뭇잎과 나뭇가지에 대해 물었습니다. 그제야 짐은 내가 자신을 놀렸다는 것을 알았습니다. 사실은 실제로 일어난 일이라는 걸 알게 된 거죠.

"허크, 왜 그런 장난을 친 거야? 어젯밤 너를 잃어버린 걸 알고는 얼마나 걱정을 했는지 알아? 그리고 오늘 여기서 널 보니 얼마나 기뻤는지. 그런데 너는 이렇게 장난을 치다니. 부끄러운 줄 알아."

짐은 몸을 돌렸어요. 우리는 십오 분 동안 조용히 있었습니다. 그런 다음 나는 짐에게 사과했습니다. 그 일이 있은 다음부터 나는 짐에게 장난을 치지 않았습니다. 이런 식으로 짐의 마음을 상하게 하고 싶지 않았던 겁니다.

다음 날 우리는 거의 하루종일 잠을 자고, 잠이 되자 강을 따라 내려갔습니다. 카이로 가까이 왔다는 것이 분명하다고 생각한 거죠. 카이로에 가면 자유의 몸이 될 수 있다는 것을 알기 때문에 짐은 몹시 들떴습니다. 불빛이 보일 때마다 짐은 점점 더 흥분이 되었어요. 그러나 그 작은 마을들은 카이로가 아니었습니다. 짐은 자유의 몸이 되면 무엇을 할 건지 떠들어댔습니다. 돈을 모아서 아내를 되살 거라고 했습니다.

P. 63 짐의 아내는 왓츤 아주머니네 근처에서 멀지 않은 농장에 팔려갔거든요. 그리고 나서 자기 부부가 함께 일해서 더 많은 돈을 모아서 아이 둘도 되살 거라고 했습니다.

그때 짐이 소리쳤습니다. "카이로에 다 왔어! 이제 됐어!"

"내가 카누를 타고 가서 보고 올게, 짐."

"난 이제 자유의 몸이 되겠군, 허크. 자유라고! 이 은혜 잊지 않을게, 허크. 넌 내 친구 중에서 제일 좋은 친구야. 그리고 단 하나밖에 없는 친구야!"

나는 카누에 올라 타고 강둑으로 노를 저어 갔습니다. 내가 떠나는 순간 다시 짐이 말을 이었습니다.

"저기 허크가 가는군. 나와의 약속을 깨뜨린 일이 없는 오직 하나밖에 없는 백인이지."

강둑 가까이 가자 소형 보트 한 척이 다가왔습니다. 총을 든 두 사나이를 태운 보트였습니다. 그 중 한 사람이 이렇게 물었습니다.

"저기 있는 건 뭐냐?"

"제 뗏목이에요."

"누가 타고 있나?"

P. 64 "한 사람이 타고 있어요, 아저씨."

"음, 검둥이 다섯 명이 달아났는데, 그 놈들을 쫓고 있다. 뗏목에 타고 있는 건 백인이냐, 검둥이냐?"

나는 얼른 대답하지 못했습니다. 입이 떨어지지 않았습니다. 그러다가 겨우 이렇게 말했습니다.

"백인이에요."

"가서 확인해 보자." 그 사람이 말했습니다.

"제발 좀 그렇게 해주세요. 저기 있는 건 우리 아빠데요, 아저씨들이 아빠를 강둑으로 끌고 가는 걸 도와줄 수 있겠지요. 저기, 우리 아빠 지금 병이 났어요. 엄마도 누나도 다 그래요."

"우린 지금 급해. 그렇지만 도와줘야겠군. 가자."

우리는 뗏목 쪽으로 노를 젓기 시작했고 잠시 뒤 내가 이렇게 말했어요.

"정말이지 우리 아빠는 아저씨들을 보면 고맙게 생각하실 거예요. 내가 아빠를 강둑으로 끌어달라고 부탁하면 전부 도망쳤거든요."

"그런 몰인정한 놈들을 봤나. 하지만 이상한데. 네 아버지가 어떻게 됐길래 그러는 거냐?"

"그게… 저… 글쎄, 뭐 대단한 건 아니에요."

이 말에 두 사람은 노 젓는 것을 멈추었습니다. 그 중 한 사람이 말했어요.

"꼬마야, 너 거짓말 하는 거지? 솔직히 말해봐.

P. 65 네 아버지가 어떻게 됐니? 어서 사실대로 말해봐."

"말할게요, 아저씨. 정직하게 말할게요. 하지만 제발 우리를 버리는 말 아주세요. 제발 도와주세요."

"돌아가자." 한 사람이 말했습니다. "얘, 꼬마야. 가까이 오지 마. 네 아버진 천연두에 걸렸어. 넌 그걸 빤히 알고 있어. 그런데도 왜 솔직하게 말하지 않은 거냐?"

"저, 이제까지 그 소리만 하면 모두 가버렸어요." 나는 울면서 말했어요.

"애야, 안됐지만 우린 널 도와줄 수 없구나. 정말 미안하다. 우린 천연두에 걸리고 싶지 않아. 이십 마일쯤 강을 따라 내려가려무나. 그때쯤에는 해가 중천에 떠있을 게다. 거기 사람들이 널 도와줄 수 있을 게다. 네 아버진 가난뱅이인 것 같은데. 도와주고 싶구나. 여기 이 판자에다 이십 달러를 올려줄 테니까 판자가 네 옆까지 떠내려 가면 집도록 해라. 우린 천연두는 질색이다."

"잠깐만." 다른 남자가 말했습니다. "내가 주는 이십 달러도 받아라."

"잘 가거라." 첫번째 남자가 말했습니다. "그리고 도망친 노예를 찾아보아라. 보게 되면 다른 사람에게 알려주고.

P. 66 그러면 돈을 벌 수 있을 거다."

"잘 가세요, 아저씨. 도망친 노예를 놓치지 않도록 할게요."

그 사나이들은 가버렸고 나는 뗏목에 올라탔습니다. 거짓말을 했기 때문에 비참한 마음이었지요. 그러나 바로 그때, 짐을 일러바쳤다면 마음이 더 무거웠을 거라는 생각이 들었습니다. 옳은 일과 나쁜 일에 대해 딱히 뭐라고 판단을 내리지 못하게 되었습니다. 그래서 앞으로는 그때그때 편한 대로 하기로 마음먹었습니다.

뗏목에 짐이 보이지 않았습니다. 사방을 둘러보았지만 찾을 수 없었습니다. 그래서 이렇게 소리쳤지요.

"짐!"

"허크, 나 여기 있어. 그 사람들 가버렸지? 조용히 말해."

짐은 뗏목에 매달린 채 강 속에 있었습니다. 두 사람이 가버렸다고 말하자 뗏목으로 기어올라왔습니다.

"얘기 소리 다 들었어. 허크, 정말 멋지게 그 사람들을 속여버렸어. 솜씨가 근사해! 그 덕택에 내가 살아났어. 이 은혜는 잊지 않을게."

우리는 돈에 대해 이야기를 나누었습니다. 한 사람 몫으로 이십 달러씩이면 꽤 큰 액수였지요. 짐은 이 돈만 가지면 증기선 표를 살 수 있으며, 자유 주에서 오랫동안 쓸 수 있는 돈이 남을 거라고 했습니다. 아직 이십 마일은 더 가야 하지만 거리는 문제가 아니며 빨리 도착했으면 좋겠다고 했습니다.

P. 67 동이 트기 전에 우리는 강둑에 도착했습니다. 짐은 뗏목을 감추었지요. 우리는 짐을 챙기고 뗏목 여행을 그만 둘 준비를 다 갖추었습니다.

그날 밤 열 시쯤, 우리는 강가 마을의 불빛이 보이는 곳으로 걸어갔습니다. 나는 카누를 타고 물어보러 갔지요. 얼마 지나지 않아 사람 하나가 소형 보트를 타고 있는 게 보였어요.

"아저씨, 저 마을이 카이로인가요?" 내가 물었습니다.

"카이로? 천만에. 너 바보로구나!"

"저 마을 이름은 뭐예요, 아저씨?"

"알고 싶으면 직접 가서 알아봐라. 날 방해하지 말고!"

나는 노를 저어 짐에게 돌아왔고 뗏목을 타고 다른 마을을 가기로 했습니다. 그날 밤, 또 다른 마을을 지났지만 고지대에 있었습니다. 짐 말로는 카이로는 저지대에 있다는 겁니다. 날이 밝을 무렵 우리는 강둑에 갔습니다. 나는 걱정이 되기 시작하는데 짐도 그랬나봐요. 그래서 내가 이렇게 말했습니다.

"안개 낀 그날 밤 카이로를 지나친 것 같아."

"그 얘긴 그만 하자. 나한테 행운이 찾아올 리 없지."

날이 환히 밝을 무렵 강 한편에는 맑은 물이 흐르고 있었고 다른 쪽에는 탁류가 흐르고 있었습니다.

P. 68 맑은 물은 오하이오 강에서, 탁류는 미시시피 강에서 흘러온 거지요. 그렇다면 우리는 오하이오 강이 미시시피 강과 만나는 곳을 지나왔다는 뜻인 셈이죠. 우린 너무 멀리 와버린 겁니다! 카이로는 강 상류에 있고 우리는 지나쳐 온 겁니다!

우리는 이 문제를 의논했습니다. 걸어간다는 것은 너무 위험했습니다. 뗏목을 타고 강을 거슬러 올라간다는 것은 불가능한 노릇이었습니다. 카누를 타고 상류로 올라갈 수는 있겠지요. 그래서 우리는 밤에 원기를 회복할 수 있도록 숲에 잠을 자러 갔습니다. 밤이 되어 카누 있는 데로 와보니 카누가 사라져 버렸지 뭡니까!

우리는 서로 할 말을 잃었습니다. 한참 뒤 우리는 어떻게 하면 좋을까 의논했습니다. 카누를 살 기회를 얻을 때까지 뗏목을 타고 강을 따라 내려가기로 했어요. 그래서 우리는 뗏목을 타고 강을 따라 내려갔습니다.

어두운 밤이었습니다. 카누를 파는 곳이 보이지 않았습니다. 그때 우리는 증기선이 우리쪽으로 강을 따라 올라오는 소리를 들었습니다. 증기선이 올라오는 요란한 소리는 들렸지만 그 모습은 보이지 않았습니다. 마침내 증기선이 모습을 나타냈는데, 바로 우리 코 앞에 있었습니다. 짐은 뗏목 이쪽에서, 나는 저쪽에서 텀벙 물 속으로 뛰어들었습니다.

나는 물 속에 잠겨서 증기선이 지나가기를 기다렸습니다.

P. 69 증기선이 지나간 후 물 위로 솟아올랐습니다. 나는 짐을 열 번 이상 불렀지만 대답이 없었어요. 나는 강을 따라 내려갔습니다.

9. 원한 맺힌 두 집안

P. 70 얼마 후 나는 강둑에 이르렀습니다. 큰 통나무집을 지나가려고 하는데, 개가 여러 마리 뛰어나와 짖는 바람에 그대로 서있는 게 낫겠다고 생각했습니다. 삼십 초 가량 지나자 집안에서 누군가가 소리를 질렀습니다.

"이 놈들아, 그만 해. 거기 있는 건 누구냐?"

"나예요."라고 대답했습니다.

"나라니 누구냐?"

"조지 잭슨이에요, 아저씨."

"무슨 일이냐?"

"아무 일도 아니에요, 아저씨. 그냥 이 집 앞을 지나고 싶은데 개들 때문에 지나가지 못하고 있어요."

"이렇게 늦은 밤중에 무슨 일로 돌아다니고 있는 거냐?"

"증기선에서 떨어졌어요, 아저씨."

"그러냐? 누구 불 좀 켜거라. 이름이 뭐라고 했지?"

"조지 잭슨요, 아저씨. 사내애랍니다."

"거짓말을 하고 있지 않다면 겁낼 것 없다. 가만히 그 자리에 있거라.

P. 71 밥! 톰! 모두 일어나! 총을 가지고 오너라. 조지 잭슨, 너 혼자냐?"

"네, 혼자예요."

집안에서 사람들이 웅성거리는 소리가 났습니다. 이어 불빛이 보였습니다. 그 남자는 다시 소리를 질렀습니다.

"불을 꺼라, 벳치, 바보 같으니라고! 밥? 톰? 준비 되었느냐? 각자 제자리를 지키거라. 그럼 조지 잭슨, 너 셰퍼슨네 사람을 알고 있느냐?"

"아뇨, 아저씨. 들어본 적도 없는 걸요."

"음, 네가 거짓말을 하는 것일 수도 있고 아닐 수도 있겠지. 앞으로 나오거라. 천천히 문으로 오는 거다."

나는 최대한 천천히 걸어 발소리 하나 내지 않았습니다. 내 심장의 쿵쾅거리는 소리가 들리는 것 같았어요. 개들도 사람들처럼 죽은 듯이 가만 있었습니다. 문으로 가니 누군가 말했습니다.

"머리를 안으로 들여넣어봐."

마룻바닥에 촛불이 놓여 있고 방에는 사람들이 많이 모여 있었습니다. 사람들은 십오 초 가량 나를 쳐다보았어요. 몸집이 큰 세 명의 남자가 나를 겨누고 있었어요.

P. 72 한 사람은 육십대이고 다른 두 사람은 삼십대였어요. 세 사람 다 잘생겼습니다. 그 외 상냥해 보이는 노부인과 잘 보이지 않았지만 두 명의 젊은 여자가 있었습니다. 노인이 말했습니다.

"좋다, 들어오너라."

내가 안으로 들어가자 그들은 문을 잠그고 촛불을 쳐들어 나를 들여다보았습니다. 노인이 말했습니다.

"셰퍼슨 집 사람은 아니군. 전혀 안 닮았어."

그리고는 몸을 수색하면서 편하게 생각해 주기를 바란다고 했습니다. 그러더니 노부인이 남편에게 이렇게 말했습니다.

"소울, 이 불쌍한 애는 몸이 온통 젖어 있어요. 그리고 배가 고파 보이는군요." 노부인은 검둥이 여자에게 몸을 돌리더니 "벳치, 이 애에게 먹을 것을 갖다 주거라."라고 했습니다. 또 딸들에게는 "애들아, 가서 벅을 깨워 이

손님에게 마른 옷을 주라고 하거라."라고 했습니다.

벅이 방에 들어왔는데, 내 또래의 열셋이나 열넷으로 보였지만 나보다는 몸집이 좀 컸어요. 나를 이층 자기 방으로 데려가더니 갈아입을 옷을 내주더군요. 숲에서 잡은 동물 이야기를 시작하더니 계속 이야기를 했습니다.

"언제까지 여기 있을 거야? 언제까지고 계속 있어라. 우린 정말 멋진 시간을 보낼 수 있을 거야. 지금은 학교가 방학이거든.

P. 73 난 개가 있는데 너는 있니? 주일에 옷을 차려 입고 교회 가는 것을 좋아하니? 난 싫은데, 엄마는 그렇게 시켜. 옷 입어, 가자."

정말 근사한 음식이 기다리고 있었습니다. 지금까지 먹어본 음식 중 가장 맛있었지요. 벅과 그의 부모님은 담뱃대로 담배를 피우며 얘기를 나누었습니다. 벳치라는 검둥이 하녀는 어디로 가버렸고 두 딸은 누비이불을 몸에 두르고 머리카락을 등 아래로 흘려 내려뜨리고 있었습니다. 모두 나에게 이것 저것 물어보았고, 나는 형과 누나가 도망쳤고 부모님은 세상을 떴다고 말했습니다. 그들은 얼마든지 그 집에 있어도 좋다고 했습니다. 해가 떠오르자 모두 자러 갔습니다. 나는 벅의 침대에 잤습니다.

눈을 떴을 때 나는 그들에게 말해준 내 이름을 까맣게 잊어버린 겁니다. 그래서 방법을 생각해 냈습니다. 벅이 일어나자 이렇게 물었습니다.

"벅, 너 철자법 알고 있니?"

"그럼."

"내 이름 쓸 수 있겠니?"

"물론이지. G-o-r-g-e J-a-x-o-n이야."

"그래. 참 대단하다!"

P. 74 참으로 훌륭한 가족이고 근사한 집이었습니다. 가구, 시계, 식탁, 성경을 포함한 많은 책들이 있었습니다. 벽에는 그림이 걸려 있었습니다. 이 집의 죽은 딸이 그린 그림도 있었습니다. 그림 밑에는 "그대를 다시는 볼 수 없는가?"라고 쓰여 있었고, 그 딸의 이름이 에멀린 그레인저필드라는 것을 알 수 있었어요. 에멀린은 죽기 전에 시를 썼는데, 식구들은 나에게 그 중 몇 편을 보여주기도 했습니다.

정말 굉장히 크고 집 두 채를 이은 집이었습니다. 시원하고 안락한 곳이었죠. 음식 맛은 끝내주는 데다 또 무지무지하게 많았습니다!

그 집 아버지는 그레인저필드 대령이었는데, 신사였습니다. 키가 크고 체격이 날씬하고 머리칼은 검은색이었습니다. 잘 생기고 진지한 사람이어서 모두가 그를 존경했습니다. 아이들은 항상 부모님 말씀을 잘 따랐습니다.

밥이 그 집의 맏이였고 톰이 그 다음이었습니다. 둘 다 아버지를 닮아 키가 크고 잘 생기고 머리칼도 검었습니다. 신사처럼 옷을 차려입었지요.

샬럿 양은 스물 다섯 살이었는데, 역시 아버지를 닮아 키가 크고 진지했어요. 미인이었습니다.

그녀의 동생 소피아 양도 미인이었는데 달랐습니다. 그녀는 비둘기처럼 상냥하고 귀여웠습니다. 나이는 스무 살이었지요.

P. 75 집안 식구들은, 벅도 마찬가지고, 전부 각자의 시중을 들어줄 검둥이를 데리고 있었습니다. 나에게 배정된 검둥이는 되게 편했습니다. 나는 내 일을 직접 하는 데 익숙해져 있었기 때문이지요.

전에는 식구가 더 많았다고 합니다. 세 아들이 죽고 에멀린도 죽었지요.

그레인저필드 대령은 많은 농장을 소유하고 백여 명의 검둥이들을 거느리고 있었습니다. 가끔 소풍이나 파티, 무도회가 크게 열리곤 했는데, 아주 많은 사람들이 왔습니다. 대부분 친척들이었고 항상 총을 가지고 왔습니다.

그 근처에는 셰퍼슨이라는 집안이 있었습니다. 그레인저필드 집안만큼 부자였는데, 이 두 집안은 근처에 똑같은 나루터를 사용하고 있었습니다.

어느 날 벅과 내가 숲속에서 사냥을 하고 있는데 말굽 소리가 들렸습니다. 우리는 길을 건너려는 참이었습니다. 벅은 이렇게 말했습니다.

"빨리! 숲속으로 숨어!"

전에 한 번 보았던 사내 하나가 말을 몰고 왔는데, 그의 이름은 하니 셰퍼슨이었습니다.

P. 76 그때 벅이 그 사내에게 총을 쏘았습니다. 하니의 모자가 총알을 맞고 굴러 떨어졌습니다. 우리는 달아났고 하니는 우리에게 총을 쏘았습니다. 우리는 총알을 피해 집까지 줄곧 도망쳤습니다. 벅은 이 이야기를 아버지에게 했고 아버지는 뿌듯해 하는 것 같았습니다.

한번은 벅과 나 둘만 있게 되자 내가 물었습니다.

"벅, 넌 하니를 죽일 작정이었니?"

"물론이지."

"왜? 그 사람이 너한테 무슨 짓이라도 했니?"

"그런 건 아냐."

"그러면 왜 죽이려고 한 거야?"

"오랜 원한이 있기 때문이야."

"원한이 뭔데?"

"뭐랄까, 원한이란 이런 거야. 어떤 사람이 다른 사람과 싸우고 그 사람을 죽인단 말이야. 그러면 죽은 사람의 형제가 처음 그 사람을 죽일 거 아냐. 그러면 양쪽 형제들이 맞붙어서 서로를 죽인단 말야. 그리고 나면 이번에는 사촌들이 끼어들지. 모두 다 죽게 될 때까지 계속되는 거지. 그러면 원한은 없어지고 마는 법이야. 빨리 끝나는 게 아니야. 오랜 세월이 걸려."

"벅, 그럼 이 원한이 얼마만큼 오래 됐니?"

"음, 삼십 년 전쯤 시작됐나봐. 무슨 재판이 있었는데, 진 쪽이 재판에서 이긴 쪽을 총으로 쏴 죽인 거야.

P. 77 당연한 행동이었지."

"무슨 재판이었는데, 벅? 땅 문제였어?"

"그럴지도 모르지. 모르겠어."

"누가 먼저 시작했는데? 셰퍼슨 집안 사람이야, 그레인저필드 집안 사람이야?"

"모르겠어. 오래 전 일이라서."

"누구 아는 사람 없니?"

"그야 있지. 우리 아빠는 알고 계셔. 다른 노인들 몇 사람도 알고 있을 거야. 그렇지만 무엇 때문에 첫 싸움이 시작되었는지는 아무도 몰라."

"많이 죽었니?"

"응. 장례식이 많이 있었거든. 그리고 많이 다쳤어. 우리 아빠도 다쳤고 밥과 톰도 상처를 입었어."

"올해엔 죽은 사람이 없니, 벅?"

"있어. 우리 집안에 한 명 있고, 저쪽 집안에도 한 명 있어. 석 달 전에 볼디 셰퍼슨 노인이 열네 살 먹은 우리 사촌 버드를 죽였어. 그런데 우리 집안이 복수를 했지. 일주일 후에 볼디도 죽었어."

다음 일요일 우리는 모두 교회에 갔습니다. 우리는 말을 타고 갔고, 남자

193

들은 전부 총을 가지고 갔습니다.

P. 78 목사님은 형제애에 대해 설교를 하셨습니다.

점심을 먹고 난 뒤, 상냥한 소피아 양이 나에게 한 가지 부탁을 했습니다. 교회에 성경책을 두고 왔다며, 가져다 달라고 하면서 아무한테도 말하지 말아 달라고 했습니다. 나는 그러겠다고 했습니다. 몰래 집을 빠져 나가 교회로 갔습니다.

성경책을 찾았는데, 그 안에 종이 쪽지 하나가 떨어져 나왔습니다. 거기에는 '두 시 반'이라고 적혀 있었습니다. 성경책 갈피에 쪽지를 다시 넣었습니다. 집으로 오자 소피아 양은 성경책을 펴더니 쪽지를 찾아 읽었습니다. 얼굴 표정이 밝아졌습니다. 나를 꼭 껴안더니 이 세상에서 제일 착한 애라고 하면서 절대 이 얘기를 해서는 안 된다고 또 한번 다짐했습니다. 얼굴은 새빨개지고 눈은 밝아졌는데 참으로 예쁘게 보였습니다. 그 종이에 무엇이 적혀 있냐고 물었습니다. 그녀는 나보고 그 종이를 읽었느냐고 물었지만 난 안 읽었다고 대답했습니다. 소피아 양은 읽은 곳을 표시해 두는 서표라고만 대답했습니다.

나는 집을 나와 놀려고 강쪽으로 내려갔습니다. 내 시중을 들어주는 검둥이 잭이 뒤따라왔습니다. 나에게 오더니 이렇게 말했습니다.

"조지 도련님. 저를 따라 늪으로 오세요. 제가 찾아 놓은 뱀들이 우글우글하는 걸 보여드릴게요."

참 이상하다는 생각이 들었습니다. 어제도 똑같은 소리를 했거든요. 왜 나에게 뱀을 보여 주려고 하는 걸까? 나는 그 검둥이를 쫓아 반 마일 가량을 걸어갔습니다.

P. 79 나무와 덤불, 넝쿨이 우거진 곳에 이르렀지요.

"바로 저기 있어요. 저는 봤으니까 또 보고 싶진 않아요."

그러더니 가버렸습니다. 나무 사이로 들어가니 거실만큼 탁 터진 널찍한 공간이 나타났습니다. 거기에 한 사나이가 바닥에 누워 자고 있었어요. 바로 나의 오랜 친구 짐이었지 뭡니까!

나를 그를 깨웠습니다. 나를 보더니 좋아라 했지만 놀라지는 않았어요. 그 동안 잡힐까봐 숨어 지냈다는군요. 다시 노예 시절로는 돌아가고 싶지 않았던 거죠. 그는 이렇게 말했어요.

"몸을 다쳐서 빨리 헤엄칠 수가 없었지. 너를 쫓아가려고 했는데, 내가 너무 느려서 말이야. 네가 저 집으로 들어가는 것을 보았지. 그래서 하루종일 숲속에서 기다렸어. 아침이 되니까 검둥이들 몇몇이 지나가는데 나를 여기다 숨겨주었어. 매일 먹을 것을 날라주고 네 얘기도 해줬어."

"좀더 일찍 잭에게 알리지 그랬어?"

"나도 바빴어. 밤마다 뗏목을 고쳤거든."

P. 80 "뗏목이라니 무슨 뗏목, 짐?"

"우리가 타던 뗏목 말이야."

"산산조각 난 거 아니었어?"

"아냐. 부서지긴 했지만 내가 고칠 수 있었어."

"그걸 어디서 찾았어?"

"허크, 내가 찾은 게 아냐. 검둥이 두 명이 찾아서 나에게 말해줬지. 그 놈들에게 각각 십 센트를 줬어. 모두 좋아했어. 두 검둥이들이 나를 돌봐준 거야. 잭은 좋은 놈이야."

"정말 그래. 또 영리하지. 네가 여기 있다는 말을 한 마디도 안 했어. 그리고 우리 둘이 같이 있는 걸 보지도 못했지. 누가 우리 둘이 같이 있다는 걸 보지 못했냐고 물어도 보지 못했다고 할 수 있고 또 그게 사실이거든."

다음 날은 그다지 유쾌한 날이 아니었습니다. 일찍 일어났더니 사방이 너무나 조용했습니다. 벅도 없고 집도 텅 비어 있었어요. 나는 잭을 찾아서 물었습니다.

"전부 어디 갔어?"

"모르고 계시나요, 조지 도련님?"

"응, 몰라. 어서 말해 봐."

"저기, 소피아 아가씨가 도망쳤어요. 어젯밤에 하니 셰퍼슨 청년과 결혼하려고 도망친 거예요! 집안 식구들은 반 시간 전에 알았어요.

P. 82 남자들은 전부 총을 들고 말을 타고 나갔어요. 여자들은 친척들을 부르러 갔고요. 하니 셰퍼슨을 해치울 거예요. 이제 큰 일이 벌어지겠지요."

"벅은 날 깨우지 않았어."

"도련님을 이런 성가신 일에 끌어들이고 싶지 않아서 그랬을 거예요."

강으로 달려갔더니 총 소리가 났습니다. 나는 나뭇가지 위로 기어올라가서 싸우는 모습을 지켜보았습니다. 말을 탄 남자 몇 명이 울타리 뒤에 숨은 소년들을 향해 총을 쏘고 있었고, 소년들도 총을 쏘아대고 있었습니다. 말 탄 사람 중 한 사람이 총에 맞아 말에서 떨어졌습니다. 나머지 남자들도 말 에서 뛰어내려 총에 맞은 남자를 부축했습니다. 그러자 소년들은 도망쳤습 니다. 도망치더니 내가 숨어 있는 나무 밑에 와서 숨었습니다. 남자들은 말 을 타고 돌아다녔지만 소년들을 찾아낼 수는 없었지요. 결국엔 그곳을 떠나 고 말았습니다.

내가 본 소년 중 한 명은 벅이었습니다. 나무 위에서 큰소리로 벅을 불렀 더니 벅은 내 목소리에 놀랐습니다. 벅은 울고 있었습니다. 아버지와 두 형 들이 죽었다고 했습니다. 저쪽 집안 두세 명도 죽었고요. 꼭 복수를 하겠다 고 말했습니다. 나는 소피아와 하니는 어떻게 되었는지 물었습니다. 두 사 람은 무사히 강을 건넜다고 했습니다. 나는 그 소리를 듣고 기뻤습니다. 그 러나 벅은 하니를 쏘던 그날 놈을 죽이지 못한 것이 큰 한이라고 원통해 했 습니다.

P. 83 이때 갑자기 총소리가 들렸습니다. 남자들은 되돌아왔습니다. 벅과 소년들은 도망쳐서 강으로 뛰어들었습니다. 이 모든 광경을 지켜본 나는 속 이 메스꺼워졌습니다. 그 다음에 본 것을 다 말하지는 않겠습니다. 그날 저 녁 차라리 강둑에 오지 않았으면 좋았을 거라는 생각이 들었습니다. 그때 본 것을 잊어버리고 싶지만 그렇게 되지가 않습니다. 여러 번 꿈 속에 나타 났거든요.

나는 어두워질 때까지 그대로 나무에 있었습니다. 하루종일 간간이 총소 리가 들려왔고 두세 차례 남자들이 말을 타고 지나가는 것을 보았습니다. 나는 마음이 무거웠습니다. 다시는 그 집에 돌아가지 않겠다고 결심했습니 다. 내 잘못이란 생각이 들었습니다. 그 종이 쪽지는 하니가 소피아에게 두 시 반에 만나서 도망치자는 것을 알리는 것이었습니다. 내가 그녀 아버지에 게 알려줬어야 했는데 말입니다. 그러면 이런 끔찍한 소동은 일어나지 않았 을 텐데요.

나는 나무에서 내려와 강쪽으로 걸어갔습니다. 두 구의 시체를 발견했습 니다. 모두 머리가 밑으로 향하고 있었습니다. 나는 시체를 뒤집었습니다. 벅의 얼굴을 보고 나는 울었습니다.

P. 84 그는 그 동안 나에게 잘해주었지요.

이제 캄캄해졌고, 나는 그 집 근처에는 얼씬도 하지 않았습니다. 짐을 찾으러 갔지만 없었습니다. 나는 얼른 달아나고 싶었습니다. 무서웠습니다. 소리를 질렀죠. 그때 이십오 피트쯤 떨어진 곳에서 목소리가 들려왔습니다.

"허크 아냐? 조용히 해."

짐의 목소리였습니다. 그렇게 반가운 목소리는 처음이었습니다. 나는 강으로 가서 우리 뗏목에 올라탔습니다. 짐은 나를 꼭 껴안았습니다. 너무나 반가웠던거지요.

"하느님, 고맙습니다. 네가 또 죽은 줄 알았지. 잭이 여기 와서 네가 총에 맞은 것 같다고 하잖아. 다시 와서도 죽은 게 확실하다고 하고. 그래서 나 혼자 가려고 했지. 그런데 네가 이렇게 살아 있으니 너무 반갑다."

"잘 됐군. 사람들이 내가 죽어서 강물에 떠내려갔다고 생각할 테니까. 날 찾을 생각도 안 하겠지. 자 가자."

거기서부터 이 마일 정도 떨어져 나와서 미시시피 강 한복판으로 나와서야 비로소 마음이 놓였습니다. 우리는 등불을 켰고 짐은 근사한 요리를 했어요. 우리는 저녁을 먹으면서 이야기를 했습니다. 나는 그 원한 싸움에서 빠져나온 것이 기뻤으며, 짐은 늪지에서 빠져나온 것이 기뻤던 겁니다.

P. 85 우리는 이 세상에서 뗏목만한 집은 없다고 했습니다. 뗏목 위에서는 자유롭고 마음이 놓이고 편안하거든요.

10. 공작과 왕을 만나다

P. 86 한이틀 낮과 밤이 지나갔습니다. 아주 조용하고 평온하고 즐거운 시간이었습니다. 강 폭은 정말 어마어마했습니다. 밤에는 뗏목을 타고 낮에는 숲속에 숨어 지냈습니다. 아침에는 헤엄을 쳤습니다. 물고기를 잡아서는 아침으로 해먹었습니다. 강에는 지나다니는 보트도 별로 없었습니다. 밤에는 강둑 오두막이나 다른 뗏목 위에 켜놓은 촛불을 볼 수 있었지요. 뗏목 위에서의 생활은 정말 멋졌어요. 별들을 바라보며 짐과 나는 별은 만들어졌는지 아니면 갑자기 생긴 건지 이야기를 나누곤 했습니다. 짐은 만들어졌다고 하

고, 나는 그러기엔 별들이 너무 많으니까 그냥 생긴 거라고 했습니다.

한두 번은 증기선이 우리 곁을 지나갔습니다. 증기선이 지나갈 때면 그때 생긴 파도로 우리 뗏목이 흔들렸습니다. 자정이 지나면 강둑에 사는 사람들은 잠자리에 들고 강둑은 암흑에 잠겼지요. 불빛이 하나 둘 보이면 아침이 왔다는 걸 알 수 있었습니다. 그러면 우리는 낮 동안 숨을 곳을 찾았습니다.

어느 날 아침 나는 카누를 한 척 발견했습니다. 열매를 찾으려고 노를 저어 강둑으로 갔습니다.

P. 87 강둑 근처에서 좁은 길을 따라 걸어오는 두 남자를 만났습니다. 나를 찾는 건지 아니면 짐을 찾는 건지 걱정이 되었습니다. 막 도망치려고 하는데 두 사람이 나에게 살려달라고 애원하는 겁니다. 자기들은 잘못한 것도 없는데 사람들과 개들이 자기들을 쫓아오고 있다고 하는 겁니다. 두 사람이 카누로 뛰어들려고 하길래 내가 말했습니다.

"그러지 마세요. 개 소리나 말굽 소리도 들리지 않는데요, 뭐. 아직 시간은 있어요. 물 속으로 들어가 걸으세요. 그렇게 하면 개가 냄새를 맡을 수 없게 되니까요. 그런 다음에 올라타세요."

두 사람은 내가 시키는 대로 하고 올라탔습니다. 몇 분 후 개들이 짖는 소리와 함께 사람들이 외치는 소리가 들려왔습니다. 그렇지만 모습은 보이지 않았습니다. 그 사람들은 우리를 보지 못했습니다. 그래서 우리는 노를 저어 멀리 안전한 곳으로 갔습니다.

두 사람 중 한 명은 일흔 살쯤 되어 보였습니다. 대머리에다가 희끗희끗한 수염을 기르고 있었습니다. 모자와 옷은 낡아보였습니다. 다른 한 사람은 서른 살 가량으로 옷차림은 비슷했습니다. 아침 식사가 끝난 후 우리는 뗏목을 타고 출발했습니다.

P. 88 두 사람은 서로 모르는 사이였어요.

"당신은 어쩌다 이런 일에 걸려 들었소?" 대머리 노인이 젊은이에게 물었습니다.

"가짜 치아 청결제를 팔고 있었지요. 그 약을 산 사람들이 마을에서부터 나를 쫓아왔지요. 그러다가 영감을 만난 거지요. 영감님 사정은 어떻게 된 겁니까?"

"음, 난 음주의 나쁜 면을 강조하는 종교 부흥회를 열고 있었지. 하룻밤에 오륙 달러를 긁어 모았어. 장사가 날로 번창해 가고 있는데, 어느 날 밤, 내가 그 돈을 술 마시는 데 써버렸지 뭔가. 사람들이 그 소문을 듣고 마을에서부터 쫓아온 거라네."

"영감님, 우리 함께 뭔가를 해보는 게 어떻겠습니까?"

"좋은 생각이야. 헌데 젊은이는 주로 무슨 일을 하오?"

"저는 인쇄 일을 하고, 가짜 약도 팔고 연극도 합니다. 무엇이든 할 수 있죠. 영감님요?"

"난 의사 노릇도 하고 점도 처줘. 설교도 하고 말이야."

아무도 입을 여는 사람이 없었습니다. 한참 뒤 젊은이가 한숨을 내쉬었습니다.

"무슨 일로 한숨을 짓는 겐가?" 노인이 물었습니다.

P. 89 "내 신세를 생각하고 있었습니다. 어쩌다 고귀한 신분이 이렇게 미천해졌나 싶어서요."

"무슨 말을 하는 겐가?"

"오, 영감님도 제 말을 못 믿으실 겁니다. 아무도 안 믿으니까요. 제 출생의 비밀이죠."

"출생의 비밀이라고? 그게 무슨 말인가?"

"신사 여러분." 젊은이는 심각하게 말했습니다. "저는 공작입니다!"

짐과 나 둘 다 깜짝 놀랐고 노인은 "그게 사실인가?"라고 물었습니다.

"네. 제 증조부는 브리지워터 공작의 장남이었습니다. 그 분은 지난 세기 말 자유를 맛보기 위해 이 나라로 왔습니다. 결혼해서 아들을 두고 세상을 뜨셨습니다. 바로 그 무렵 본국에서는 공작의 차남이 땅과 재산을 전부 차지했죠. 이 곳에 있는 어린 아이가 정당한 공작인데도 말입니다. 저는 그 아이의 직계 후손입니다. 저야말로 정당한 브리지워터 공작이란 말입니다. 그런 제가 이렇게 사람들에게 쫓기고 뗏목을 타고 있으니 말이지요."

P. 90 이 말을 듣고 짐과 나는 그를 동정하며 위로하려고 했습니다. 그는 왕족이니 우리는 그에게 존칭을 썼습니다. 노인은 하루종일 말이 없었습니다. 뭔가 언짢은 듯 보였습니다. 뭔가를 생각하는 눈치였는데 오후가 되자 입을 열었습니다.

"여보게, 브리지워터. 자네 혼자만 그런 고생을 하는 게 아니네."

"나 혼자가 아니라고요?"

"나도 비밀이 있네. 나는 루이 16세와 마리 앙뜨와네뜨의 아들이야. 내가 루이 17세, 정당한 프랑스 국왕이란 말이지!"

그는 울기 시작해서 짐과 나는 어떻게 해야 할지 몰랐습니다. 우리는 그를 매우 측은하게 생각했고, 그 노인에게도 정중하게 대했습니다. 공작은 이게 못마땅한 것 같았습니다. 마침내 왕은 이렇게 말했습니다.

"우리 모두 이 뗏목을 타게 되었으니 함께 손을 잡고 친하게 지내보자고."

공작은 그렇게 했습니다. 짐과 나는 이 광경을 보니 여간 기쁘지 않았습니다. 뗏목 위에서는 모두 사이 좋게 지내기를 바라고 있었으니까요. 그러나 조금 뒤 나는 이 두 사람은 공작도 왕도 아니라는 사실을 알게 되었습니다. 그냥 거짓말쟁이에다 떠돌이일 뿐이죠. 하지만 난 입도 뻥긋하지 않았습니다. 그러면 귀찮은 일이 안 생길 테니까요. 내가 아빠에게서 배운 것이 있다면 사람들과 사이 좋게 지내고 싶다면 그 사람들이 하고 싶은 대로 내버려두라는 겁니다.

P. 91 그들은 우리에 대해 물었습니다. 짐이 도망친 노예냐고 물었죠.

"물론 아니에요. 도망친 노예가 왜 남쪽으로 가고 있겠어요?"라고 내가 대답했습니다.

이 말이 설득력이 있었나 봅니다. 그래도 나는 이야기를 꾸며내야 했기에 이렇게 말했습니다.

"아버지와 형도 이 뗏목에 타고 있었는데, 증기선에 부딪쳤어요. 그래서 우리 검둥이 짐과 나만 남았어요. 모두 짐이 도망친 노예라고 생각하죠. 그래서 우리는 조심하려고 밤에 움직여요."

그러자 공작이 말했습니다.

"그럼 우리가 낮에 움직일 수 있는 방법을 궁리해 보자고. 내일까지 머리를 짜볼게."

그날 밤, 우리는 뗏목에서 잠자리에 들어 갔는데, 공작과 왕은 누가 어디서 자는지를 두고 말싸움을 했습니다. 짐과 나는 폭풍우가 치는 동안 자지 않고 있었습니다. 폭풍우가 가라앉자 날이 밝았습니다. 짐은 뗏목 위의 텐트에 들어가 숨었습니다.

왕과 공작은 깨어나더니 카드 게임을 했습니다.

P. 92 공작은 왕에게 셰익스피어 연극에 대해 말했습니다. 공작은 둘이서 연극의 몇몇 장면들을 연습해보자고 제안하더군요. 그러면 두 사람은 강 근처 마을에서 공연을 하고 돈을 벌어들일 수 있을 테니까요.

우리는 강의 만곡부에 조그만 마을을 하나 발견하고 강둑으로 갔습니다. 공작은 인쇄소를 찾으러 갔습니다. 그가 종이 한 장을 가지고 돌아왔는데 거기에는 '도망친 검둥이 - 상금 200 달러'라고 적혀 있었지요. 그 밑에는 짐에 대한 설명이 자세히 적혀 있었습니다.

"이제 대낮에도 뗏목을 몰 수가 있지." 공작이 말했습니다.

우리는 뗏목으로 돌아갔습니다. 우리는 모두 공작의 머리가 참 잘 돌아간다고 했습니다. 그날 늦게 짐은 왕에게 프랑스 말이 대체 어떤 건지 한 번 듣고 싶으니까 해보라고 졸랐습니다. 그러나 왕은 미국에 온 지 하도 오래돼서 다 잊어버렸다고 했습니다.

우리는 강을 따라 내려갔습니다. 공작은 왕에게 계속 셰익스피어의 연극을 가르쳤고 공작은 로미오와 줄리엣, 햄릿, 리처드 2세 등을 외웠습니다. 그는 대사를 암송했고 왕은 익힐 수 있게 되었지요.

아칸소 주의 한 마을에서 공작은 광고 전단을 만들었습니다. 세 편의 연극에 나오는 장면들을 공연한다며 '셰익스피어극 재상연!'이라고 적혀 있었습니다.

P. 93 입장료는 이십오 센트였습니다.

우리는 마을 울타리, 상점 창문 등에 전단을 붙이러 마을을 돌아다녔습니다. 그 마을은 매우 가난했습니다. 집과 상점은 한 번도 페인트칠을 한 적이 없는 나무판이었습니다. 집에는 뜰이 있는데 뜰에는 잡초와 낡은 장화, 깨진 병, 그 밖의 쓰레기들로 넘쳐났습니다. 그 마을 사람들은 우리가 이해하기 어려운 이상한 영어를 썼습니다. 욕도 많이 했습니다.

길거리는 진흙으로 덮여 있는데, 돼지들이 여기저기 뒹굴고 있었습니다. 길 한가운데 나자빠져 있는 돼지도 있었습니다. 사람들은 개들이 돼지를 물도록 내버려두었습니다. 주변에 둘러앉아 개싸움을 지켜보는 사람들도 있었습니다.

정오가 가까워지자 거리에 짐마차와 말들의 수가 점점 더 늘어났습니다. 짐마차 안에서 점심을 먹고 있는 가족들도 보였습니다. 어떤 짐마차에서는 술을 마시고 있는 사람들도 있었습니다.

"저기 보그스 영감이 온다!" 누군가 이렇게 소리쳤습니다.

P. 94 "술 취하려고 시골에서 올라오는구나. 한 달에 한 번씩 말이야."

사람들은 하나같이 기쁜 표정이었습니다. 보그스 영감을 놀리는 재미를 맛보고 있다는 생각이 들었습니다. 그 중 한 사람이 말했습니다.

"이번에는 누굴 해치울지 궁금한데."

또 한 사람은 "나랑 붙자고 했으면 좋겠어."라고 말했습니다.

보그스 영감이 고래고래 소리를 지르며 말을 타고 왔습니다. 마치 인디언처럼 소리를 지르고 있었습니다.

"비켜! 나 지금 싸우러 가는 길이야!"

그는 술에 취해 있었고, 안장 위에서 몸을 비틀거리고 있었지요. 쉰이 넘은 나이로 얼굴이 빨갰습니다. 모두들 그를 향해 소리치고 웃어댔습니다. 조롱도 했습니다. 오늘은 셔번 대령을 죽이러 왔다고 했습니다.

그러다 나를 보더니 다가와서는 이렇게 말했습니다.

"어디서 왔느냐, 꼬마? 죽을 각오는 되어 있겠지?"

그러더니 말을 타고 휙 가버렸습니다. 나는 겁이 났지만 한 사람이 이렇게 말하더군요.

"신경 쓸 거 없어. 술에 취하면 으레 저러니까. 아칸소 주에서 가장 착한 바보라니까. 그 누구도 해를 끼친 적이 없어."

보그스 영감은 그 마을에서 가장 큰 가게로 가더니 머리를 숙여 진열장을 들여다 보았습니다.

P. 95 그러더니 이렇게 소리를 쳤습니다.

"이리 나와, 셔번. 나와서 네 놈이 속여 먹은 놈을 보란 말이야. 네 몸은 내가 찾고 있던 개란 말이야!"

그는 계속 셔번에게 온갖 욕설을 퍼부어대더군요. 거리엔 사람들로 가득 찼습니다. 그들은 이 이야기를 듣고 웃어댔습니다. 그러자 아주 자존심 강하게 생긴 한 남자가 가게 문 안에서 나왔습니다. 쉰다섯쯤 되어 보이는데 그 마을에서 가장 멋진 옷을 입고 있었지요. 사람들은 그에게 길을 비켜주었습니다. 셔번 대령은 아주 천천히 그리고 침착하게 보그스 영감에게 말했습니다.

"이런 장난에 진절머리가 났어. 한 시까지는 참아주지만 그 이상은 안 돼. 그 이후에 나에게 입을 뻥긋하기라도 하면 어디로 가건 쫓아가고 말 테다."

그는 안으로 다시 들어갔습니다. 이제 사람들도 심각해졌습니다. 웃는 사람도 없었지요. 보그스 영감은 셔번을 욕하며 말을 타고 가버렸습니다. 그러더니 다시 돌아와서는 또 같은 말을 소리소리 내뱉는 겁니다. 몇몇 사람들이 주위로 몰려들어 진정시키려고 하더군요. 그는 말을 듣지 않았습니다. 셔번에게 또 욕설을 퍼부었습니다.

P. 96 이제 다른 사람들도 그를 막으려고 했습니다. 누군가 이렇게 외쳤습니다.

"가서 딸을 불러와! 어서! 딸의 말을 듣는 때도 있으니까. 보그스를 타이를 수 있는 사람은 딸밖에 없어."

누군가 말을 타고 떠났습니다. 나는 길을 따라 걸어가기 시작하는데 오 분 내지 십 분 쯤 지났을까 보그스가 다시 보였습니다. 이번에는 말을 타고 있지 않았어요. 친구 두 사람이 보그스 팔을 붙잡고 데려가고 있었지요. 그는 말이 없었습니다. 그때 누군가 외쳤습니다.

"보그스!"

나는 누군가 보았습니다. 셔번이었는데 총을 들고 있었습니다. 동시에 한 젊은 아가씨가 두 사람과 함께 달려왔습니다. 보그스와 친구들은 몸을 돌려 이름을 부르는 사람이 누군지 보았습니다. 총을 들고 있는 셔번을 보자 보그스는 허공에 팔을 휘젓더니 소리쳤습니다.

"제발! 쏘지 마!"

탕! 탕! 두 발의 총성이 터지고 보그스 영감은 쓰러졌습니다. 젊은 아가씨는 비명을 지르며 아버지에게 달려왔습니다. 그녀는 울면서 말했습니다.

"죽었어요! 죽었다고요!"

사람들이 보그스를 보려고 몰려들고 한 사람이 이렇게 소리쳤습니다.

"뒤로 물러서, 뒤로 물러서! 바람을 통하게 해야 해!"

셔번 대령은 총을 바닥에 내던지고는 가버렸습니다.

P. 97 사람들은 보그스를 약국으로 데려갔습니다. 사람들이 전부 따라갔고, 나는 달려가서 창문 너머로 지켜보았습니다. 보그스는 아직 살아있었습니다. 그러나 곧 마지막 숨을 들이쉬더니 죽고 말았습니다. 딸은 울부짖었

습니다. 사람들이 딸을 어디론가 데려갔습니다. 그녀는 열여섯 살쯤 되어 보였습니다. 아주 귀엽고 상냥하게 생겼지만 얼굴색이 창백하였고 겁에 질려 있었습니다.

마을에 사는 모든 사람들이 몰려들었습니다. 이 사건에 대해 얘기를 했습니다. 몇몇 사람들은 그 살인 사건을 그대로 재현해 보이기도 했지요. 그러자 누군가 셔번을 교수형에 처해야 한다고 소리쳤습니다. 사람들은 보이는 대로 빨래줄을 걷어서는 셔번을 찾으러 갔습니다.

사람들은 인디언처럼 고래고래 소리를 지르며 셔번 대령의 집으로 몰려 갔습니다. 사람들이 길을 따라 몰려가는 모습을 모든 사람들이 지켜봤습니다. 정말 무시무시한 군중들이었습니다. 사람들은 셔번의 집 앞에 모여 외치기 시작했습니다.

"담을 헐어! 담을 헐어!"

사람들이 울타리를 헐기 시작하는데 셔번이 현관 지붕 위에 나타났습니다. 손에는 엽총을 들고 있었습니다.

P. 98 그는 말 한 마디 없었습니다. 그러자 소동이 그치고 인파는 뒤로 물러서기 시작했습니다. 셔번은 한 마디 말이 없었습니다. 아래의 군중들만 내려다보고 있었지요. 그러더니 웃음을 짓는데 유쾌한 웃음이 아니었습니다. 그 다음 천천히 사람들을 비웃는 듯한 어조로 이렇게 말했습니다.

"너희들이 하나도 무섭지 않아. 너희들은 겁쟁이들만 모아놓은 오합지졸이지. 나는 진짜 사나이니까 눈 하나 꿈쩍 안 해. 너희들은 나한테 손 하나 까딱 못 해. 아무도 위험을 감수하고 말썽을 일으키고 싶어하지 않지. 하지만 한 사람이라도 '놈을 교수형에 처하라!' 라고 소리치면 우루루 따라가지. 겁쟁이로 보이기 싫으니까 따라가는 거야. 자, 모두들 돌아가라!"

셔번은 이 말을 마치더니 총의 격철을 찰싹 하고 올렸습니다. 갑자기 군중은 몸을 돌리더니 사방으로 뿔뿔이 흩어져 버렸습니다. 나는 그대로 있을 수도 있었지만 그래도 거기서 나와버렸지요.

다음 날 이 마을에는 서커스가 있었습니다. 지금까지 내가 본 서커스 중 최고였습니다. 여러 명의 댄서들로 서커스가 시작되었는데, 댄서 여자들은 내가 지금까지 본 여자 중에서 제일 예뻤습니다.

그날 밤, 우리들 연극이 무대에 올랐습니다. 구경꾼이라고는 열두 명에 지나지 않았습니다. 원래는 진지한 연극이었는데, 사람들이 껄껄 웃었습니다. 이 때문에 공작은 화가 났습니다.

P. 99 그는 아칸소 주 사람들은 바보라고 했습니다. 그는 새로운 방안을 하나 짜냈습니다. '코미디 쇼' 광고 전단을 인쇄해 왔는데 입장료를 오십 센트로 올려 놓았습니다. 전단지 밑에는 이런 문구가 적혀 있었습니다. '부인과 애들은 입장을 금함!'

"이렇게 하면 아칸소 주 구경꾼들을 많이 끌어들일 수 있을 거야."라고 공작은 말했습니다.

다음 날 왕과 공작은 무대를 준비했습니다. 하루종일 대사를 연습했습니다. 공연을 재미있게 만들 수 있는 묘수를 짜내더군요. 그날 밤 극장 안은 만원이었습니다. 연극이 시작되자 왕은 네 발로 엉금엉금 기며 무대로 나왔습니다. 벌거벗은 채, 몸에는 무지개처럼 온갖 화려한 색깔로 색칠을 하고는 말입니다. 구경꾼들은 크게 웃었습니다. 왕이 무대 뒤로 들어가자 구경꾼들은 손뼉을 치며 또 하라고 소리쳤습니다. 그래서 왕은 다시 무대에 나와 다시 한번 그 짓을 했습니다. 그 다음에도 또 그랬지요. 그 꼴을 보면 아마 암소라도 웃었을 겁니다.

P. 100 공작이 나와 커튼을 치고는 공연은 끝났다고 했습니다. 그러자 스무 명의 사람들이 소리를 질러댔습니다.

"뭐라고, 다 끝난 거야?"

P. 101 공작은 그렇다고 했습니다. 그러자 큰 소동이 났습니다. 사람들은 일어서서 소리치며 속았다고 말했습니다. 마치 무대와 공작, 왕을 공격할 기세였지요. 몸집이 큰 남자 하나가 긴 의자에서 일어서더니 소리쳤습니다.

"여러분, 기다리세요. 우리는 속았습니다. 그건 확실합니다. 하지만 이 마을에서 웃음거리가 되고 싶지는 않단 말입니다, 안 그렇습니까? 마을 사람들에게 대단한 연극이라고 칭찬합시다! 그러면 전부 같은 처지가 될 것이고. 어때요, 좋은 생각 아닙니까? 어서들 가서 사람들에게 이 연극이 훌륭하다고 칭찬합시다!"

이튿날 밤도 매진이었습니다. 사흘째 밤도 마찬가지였습니다. 이번에는 전날 밤과 그 전날 밤에 온 사람들이었습니다. 사람들의 주머니가 불룩했습니다. 썩은 계란과 야채, 뭐 그런 냄새들이 코를 찔렀어요. 썩은 음식으로 우리를 공격할 계획을 하고 있음을 알 수 있었습니다. 우리는 무대 뒷문으로 도망치기 시작했습니다. 왕이 말했습니다.

"집들이 안 보일 때까지 빨리 걸어. 그런 다음 뗏목 있는 데까지 전속력으로 달려가는 거야."

P. 102 우리는 동시에 뗏목에 닿았습니다. 이 초도 되기 전에 뗏목을 밀어냈습니다. 우리는 말없이 강을 따라 내려갔습니다. 돈을 세어보았는데 왕과 공작은 사흘 밤 동안 사백육십오 달러를 벌어들였습니다. 나는 그렇게 쉽게 돈을 버는 것을 아직껏 본 적이 없습니다.

11. 윌크스 집안

P. 103 그 다음날 공작과 왕은 그 수법을 또 쓰고 싶어했지만 소문이 이미 퍼졌을까 걱정하는 눈치였습니다. 공작은 새로운 속임수를 개발해 내겠다고 했습니다. 하지만 그에겐 머리를 굴릴 시간이 필요했습니다. 그러자 왕은 가까운 마을로 가자고 했습니다. 우리는 모두 그 전에 머무른 마을에서 가게 옷을 사둔 것이 있었는데, 왕이 그 옷을 입더니 나보고도 그 옷을 입으라고 하더군요. 물론 나는 시키는 대로 했지요. 왕은 멋지고 장중하고 여간 경건해 보이지 않았습니다. 나보고는 함께 카누를 타고 증기선을 탈 수 있는 곳까지 갈 거라고 하더군요. 나는 증기선을 타는 거라면 항상 좋아했었지요. 우리가 노를 저어 가자 강둑 통나무에 걸터앉아 있는 순진하게 생긴 시골 젊은이 한 사람이 보였습니다. 왕이 말했습니다.

"젊은이 어디 가는 겐가?"

P. 104 "저 증기선을 타고 뉴올리언즈로 가려고 합니다."

"우리도 탈 건데. 우리가 그리로 데려다 줌세."

"윌크스 씨입니까?" 젊은이가 물었습니다.

"아닐세. 나는 알렉산더 블로제트 목사야. 그리고 이 아이는 하인 아돌퍼스고."

그런 다음 그 젊은이는 하비 윌키스 씨에 대해 말을 늘어놓았습니다. 그 사람의 형인 피터 영감이 이 마을에 살았는데, 그 전날 죽었다는 겁니다. 또

206

윌리엄이라는 동생이 있는데, 귀머거리에다가 벙어리라는 겁니다. 피터 영감의 형제들은 그를 보러 오는 중이지만 피터 영감이 죽기 전에 도착하지 못한 겁니다. 또 다른 형제 조지 영감도 작년에 세상을 떴고요. 피터 영감은 자신의 돈이 숨겨진 곳을 알려놓은 편지를 하비에게 썼다는 겁니다. 피터는 자신의 재산을 형제들과 딸 메리 제인, 그리고 조지 영감의 두 딸들에게 물려주길 원한다는 겁니다.

"하비 씨는 왜 아직 도착하지 않은 거지?" 왕이 물었습니다.

"영국 셰필드에 살고 계셔요. 거기서 목사님으로 일하고 있습니다. 미국에는 한 번도 오지 않았어요. 어쩌면 편지도 못 받았는지 몰라요."

"그것 참 안됐군. 형이 죽기 전에 오지 못하다니 말이야. 그런데 자네는 뉴올리언즈로 간다고 했지?"

P. 105 "네, 하지만 그곳이 목적지는 아니에요. 거기서부터 리오데자네이로로 갈 거예요. 그곳에 숙부님이 사시거든요."

"즐거운 여행이 될 걸세. 나도 가보고 싶어지는군. 그 딸들에 대해 말해보게나."

"음, 메리 제인은 열아홉 살이고, 수잔은 열다섯 살, 조애너는 열네 살이에요."

"가엾어라! 이 냉혹한 세상에 혼자 남게 되다니." 공작이 말했습니다.

"뭐, 그래도 그렇게 딱한 형편은 아니랍니다. 피터 씨에게는 이 마을에 친구가 여럿 있거든요." 젊은이는 그 친구들 이름을 열거하더니 "친구분들이 딸들을 볼봐줄 겁니다."라고 했습니다.

왕은 계속하여 젊은이가 지칠 때까지 꼬치꼬치 캐물었습니다. 그 마을에 대해서 속속들이 알게 됐죠. 피터 윌크스 씨가 매우 부자이며 장례식이 내일이라는 것도 알게 되었죠.

우리가 증기선 가까이 다가가자, 젊은이는 우리 카누에서 내렸습니다. 우리는 카누에서 내리지 않아서 나로서는 증기선을 탈 기회를 놓친 셈이었죠. 대신 왕은 나더러 다시 노를 저어 돌아가서 공작을 데리고 오라고 했습니다.

P. 106 나는 왕의 속셈을 눈치챘지만 아무 말도 하지 않았습니다. 내가 돌아오자 왕은 공작에게 피터 윌크스 씨에 대해 한 마디도 빼놓지 않고 늘어놓았어요. 그리고 왕은 그 이야기를 하는데 영국 사람 말투를 흉내내는 것

이었습니다. 왕은 이렇게 말했습니다.

"공작, 자네는 윌리엄이 되는 거야. 기억해 두게. 귀머거리에다가 벙어리야. 할 수 있겠나?"

공작은 자신 있다고 했습니다. 무대에서 귀머거리에다가 벙어리 역할을 한 적이 있다는 겁니다.

우리가 마을에 도착하자 스무여 명의 사람들이 몰려들었습니다. 왕이 말했습니다.

"여러분들 중 피터 윌크스 씨 집을 아는 사람이 없소?"

사람들은 서로 얼굴을 쳐다보다가 한 사람이 이렇게 말했습니다.

"딱한 일입니다만, 우리들로서는 어제 저녁까지 거처하시던 집밖에는 가르쳐 드릴 수가 없게 되었습니다."

그 늙은이는 울기 시작하더니 이렇게 말했습니다.

"오 불쌍한 우리 형님. 형님이 세상을 떠나시다니. 이제 두 번 다시 만나뵐 수 없다니. 하늘도 무심하셔라!"

왕은 계속 울면서 공작 쪽을 돌아보면서 손으로 바보 짓거리를 한참 했습니다. 공작도 울기 시작했습니다.

P. 107 마을 사람들이 두 사람을 동정하여 온갖 위로의 말을 했습니다. 두 사람의 가방을 마을까지 들어주었지요. 왕에게는 피터 영감의 임종 이야기를 해주었습니다. 왕은 손짓으로 그 말을 그대로 공작에게 알려주었습니다. 정말 인간이라는 것이 부끄러워질 정도였습니다.

이 소식은 온 마을에 퍼졌습니다. 사람들이 몰려들었으며 이렇게 속닥거렸습니다.

P. 108 "저 양반들인가?"

"그렇다네."라는 대답이 들려왔습니다.

우리는 집에 도착했고 문 밖에는 세 명의 처녀들이 서있었습니다. 메리제인은 지금까지 본 여자 중 가장 미인이었습니다. 빨강 머리였고 두 눈이 빛나고 있었지요. 왕은 메리에게 가서 꼭 껴안았고 공작은 다른 한 딸에게 그렇게 했습니다. 마을 사람들은 이처럼 정겨운 광경을 보고서 좋아했고, 어떤 여자들은 기뻐서 울기도 했습니다.

왕과 공작은 관 있는 데까지 걸어갔습니다. 아주 엄숙해 보였지요. 관 앞에 서더니 통곡하기 시작했습니다. 두 사람은 무릎을 꿇더니 기도하는 체했습니다. 다른 사람들도 모두 울기 시작했습니다. 왕은 일어서더니 가버린 불쌍한 형에 대해 일장 연설을 하기 시작했습니다. 그 젊은이가 말해준 이름을 일일이 나열했습니다.

그러자 메리 제인은 아버지가 남긴 편지를 가지고 왔습니다. 왕은 그걸 소리내어 읽더니 또다시 울기 시작했습니다. 형님 피터는 자신의 재산을 형제들과 세 딸들이 나누어 가지기를 원했다고 말했습니다. 편지에는 지하실에 육천 달러가 숨겨져 있다고 했습니다. 이 두 명의 사기꾼은 나를 지하실로 데리고 갔습니다. 얼마나 많은 돈을 갖게 될지 허풍을 떨어댔습니다.

P. 109 두 사람은 돈을 발견하자 세어보더군요. 두 사람은 사백십오 달러가 빈다는 것을 알고는 걱정을 하더니 위로 올라가서 사람들이 보는 앞에서 돈을 세자고 했습니다. 하지만 돈이 모자라면 사람들이 왕과 공작이 훔쳤다고 의심하게 될 겁니다. 공작이 말했습니다.

"우리 돈으로 메꿔놓읍시다." 그러더니 자기 주머니에서 돈을 꺼내기 시작했습니다.

"공작, 정말로 기막힌 생각이야. 자네는 천재야!"

두 사람은 연극을 해서 번 돈을 꺼내어 부족한 액수를 메꿔놓는 데 거의 다 써버렸습니다.

"또 한 가지 좋은 생각이 떠올랐어요. 이층으로 올라가서 이 돈을 처녀들에게 주자고요. 전부 다 말이에요!"

"공작, 기똥찬 생각이군. 자네를 한 번 껴안게 해줘. 이걸로 의심이 말끔히 풀리겠군."

두 사람은 이층으로 올라가서 돈을 세더니 테이블 위에 올려놓았습니다. 왕은 또다시 돌아가신 불쌍한 형에 대해 연설을 시작했습니다. 그러더니 메리 제인에게 돈을 전부 주었습니다. 메리는 왕을 껴안고 다른 두 딸들은 공작에게 키스를 했습니다.

P. 110 모두가 이런 훌륭한 행동을 칭찬했습니다. 그들은 다시 고인에 대해 이야기를 하기 시작했습니다. 왕은 자신의 형님 이야기를 계속 지껄여댔습니다. 몸집이 크고 진지하게 생긴 남자가 왕을 주의 깊게 지켜보고 있는 것이 보였습니다. 왕은 장례식 이야기를 하기 시작하더니, 잘난 척하며 자

기 말로는 어원이 그리스어와 히브리어라고 하는 복잡한 말들을 써대기 시작했습니다. 그러자 그 진지한 남자가 크게 웃었습니다. 누군가 그 사람에게 말했습니다.

"로빈슨 의사 선생님! 소식 못 들으셨어요? 저 분이 바로 하비 윌크스 씨랍니다."

왕은 미소를 지으며 의사의 손을 잡으려고 했습니다.

"이 손 치우지 못해! 당신 영국 말투는 가짜야! 당신은 사기꾼이야!"

사람들은 아주 화가 났습니다. 대부분 왕이 하비 윌크스라고 믿고 있었으니까요. 의사를 설득하려 했습니다. 의사는 메리 제인 쪽으로 돌아서서는 말했습니다.

"나는 네 아버지의 친구였고 지금은 네 친구다. 경고하는데, 저 놈들은 가짜야. 저 영국 말투는 가짜고 그리스어와 히브리어도 가짜야. 저들을 믿지 마라, 메리 제인. 저 놈들을 쫓아내거라. 그렇게 하겠느냐?"

메리 제인은 몸을 꼿꼿이 폈는데, 정말로 아름다웠습니다.

P. 111 "이게 제 대답이에요." 메리는 돈주머니를 들더니 왕에게 쥐어주었습니다.

"이 돈을 받으세요. 육천 달러 전부요. 저희들 대신 투자해 주세요. 저희는 당신들을 믿습니다."

메리 제인과 나머지 처녀들은 왕과 공작을 껴안았습니다. 왕은 미소를 짓더니 의기양양한 표정이었습니다. 의사는 이렇게 말했습니다.

"좋아. 난 이제 이 일에서 손을 뗄 테다. 오늘을 생각할 때 속이 메스껍다고 느끼게 될 거다."

"잘됐군요, 의사 양반. 속이 메스꺼우면 선생을 부르러 사람을 보내리다." 라고 왕이 말했습니다.

그날 밤 성대한 저녁 식사가 베풀어졌고 왕과 공작에게는 잘 방들이 주어졌습니다. 조애너는 내가 있는 부엌으로 들어오더니 영국 생활에 대해 이것저것 물었습니다.

"왕을 자주 보니?"

"아, 그럼요. 우리 교회에 오시는 걸요."

"왕은 런던에 사는 줄 알았는데."

"거기 사시지요."

"하지만 넌 셰필드에 살잖아."

P. 112 나는 난처했지만 궁리할 시간을 가지려 목에 음식이 걸린 것처럼 했습니다. 그리고 나서 이렇게 말했지요.

"제 말은 셰필드에 오시면 저희 교회에 오신다는 말이에요."

그러자 메리 제인이 부엌에 들어왔습니다. 아주 상냥하고 어여뻐 보였습니다. 이어 수잔이 들어왔습니다. 그녀도 나에게 친절하게 말했습니다. 저 두 명의 사기꾼들을 도와 이들의 돈을 훔쳐낸다고 생각하자 마음이 괴로웠습니다.

잠자리에 들었지만 잠이 오지 않았습니다. 저들의 돈을 훔치려는 계획을 처녀들에게 알려 줄 수 있는 방법이 없는지 궁리했습니다. 무턱대고 메리 제인에게 말을 할 수는 없었습니다. 그러면 메리도 곤란에 빠질 테니까요. 그 돈을 훔쳐내기로 마음먹었습니다. 그리고 나서는 메리에게 돈이 숨겨진 장소를 알려주는 편지를 쓰는 겁니다. 그날 밤 그 일을 해야 했습니다.

그래서 나는 공작과 왕이 머무르는 방들을 조사했습니다. 어두워서 손으로 더듬거려야 했지요. 아무 것도 찾을 수 없었는데, 그때 밖에서 발소리가 들렸습니다. 나는 커튼 뒤에 숨었습니다. 공작과 왕이 방에 들어왔습니다. 왕이 말했습니다.

"왜 이 위로 나를 끌고 왔어? 다른 사람들과 같이 아래층에서 곡을 하고 있어야지."

"그 의사 놈이 마음에 걸려요. 하지만 다 방도가 있지요.

P. 113 오늘 새벽 세 시가 되기 전에 여길 떠요. 가진 돈을 가지고 강으로 가자고요."

내가 난감해 하고 있던 차에 왕이 말했습니다.

"하지만 나머지 재산은 어떡하고? 팔구천 달러는 될 텐데. 그걸 팔기 전에는 여길 뜰 수 없어. 거기다 우리는 돈을 훔칠 필요도 없어. 저 처녀들과 같이 떠나면 되잖아. 그러면 처녀들도 재산을 되찾을 수 있고 말이야. 우리가 정당한 소유주가 아니라는 걸 알게 되면, 법원이 저 처녀들에게 재산을 돌려줄 텐데, 뭐. 그 재산을 산 사람만 손해를 보는 거지. 처녀들은 손해 보는 게 없다고!"

공작도 이 말에 찬성했고 두 사람은 돈을 매트리스 안에 숨겼습니다. 나는 그 방을 나와 내 방으로 가서 잠을 자는 체했습니다.

집안 사람들 전부 잠들어 있을 때, 나는 이층으로 다시 올라가 돈을 가지고 나왔습니다. 돈을 가지고 내려와 거실을 지나는데, 피터 윌크스 씨의 관이 열려 있었습니다. 나는 불쌍한 고인의 얼굴을 보고 있는데, 발소리가 들렸습니다. 관 말고는 돈을 숨길 마땅한 장소가 없었습니다!

P. 114 나는 관 속에 돈을 숨기고는 몸을 숨겼습니다. 메리 제인이 들어와 아버지 관 앞에 무릎을 꿇더니 울기 시작했습니다. 나는 내 방으로 살며시 돌아갔습니다.

나는 내가 가버린 뒤 메리 제인에게 편지를 보낼 생각이었습니다. 편지에다 아버지 관에 돈이 있다는 말을 할 생각이었습니다. 하지만 바로 그때, 관 뚜껑을 닫을 때 그 돈이 발견되지 않을까 걱정이 되었습니다.

그 다음 날이 장례식이었습니다. 그래서 많은 사람들이 왔습니다. 목사는 아주 훌륭한 설교를 했습니다. 사람들은 피터 윌크스 씨를 묻었습니다. 하지만 저는 돈 생각을 했습니다. 관 속에 있을까? 누가 찾았을까? 메리 제인에게 편지를 썼는데 돈이 사라졌다면? 나는 너무나 혼란스럽고 슬펐습니다.

그날 밤, 왕은 자신과 동생은 영국으로 돌아갈 것이라고 말했습니다. 처녀들을 초대하겠다고 하자 처녀들은 아주 좋아했습니다. 왕은 처녀들에게 집과 노예, 재산 등을 하루 속히 팔자고 부탁했습니다.

그날 늦게, 내가 잠들어 있을 때, 공작이 나를 깨웠습니다. 두 사람 다 아주 난처한 표정이었습니다. 왕이 말했지요.

"어젯밤 내 방에 있었나?"

"아뇨, 폐하."

P. 115 "그 방에 누가 있는 걸 본 적이 있느냐?"

"아뇨, 폐하. 검둥이들만 봤어요."

"그게 언제냐?" 공작이 물었습니다.

"장례식 날 밤이요."

"그럼 그 검둥이들이었군! 영리한 검둥이들 같으니라고! 전부 다 팔아버려야 해."

"뭐가 잘못됐나요?" 내가 물었습니다.

"너하고는 상관없다." 왕이 말했습니다.

두 사람은 나가면서도 계속 이야기를 했습니다. 나는 검둥이들에게 뒤집어 씌운 게 잘한 짓이라고 생각했고 검둥이들에게 아무 피해가 없을 거라는 생각이 들자 그 역시 흐뭇했습니다.

다음 날 아침 메리 제인이 울고 있었습니다. 나는 무슨 일이냐고 물어봤고 그녀는 노예 이야기를 했습니다.

"전부 팔려 갈 거야. 엄마와 아이들이 다시는 서로 보지 못할 테지. 너무 슬픈 일이야. 그 생각만 하면 영국 여행도 기쁘지가 않아."

"메리 제인, 걱정하지 마세요. 이 주 안에 서로 보게 될 테니까요. 제가 보장하지요."

메리 제인은 나를 껴안더니 다시 한번 말해 보라고 했습니다.

P. 116 그래서 난 메리에게 앉으라고 했습니다.

"메리 제인, 사실을 얘기해 줄 테니 마음 단단히 먹으세요. 저 두 사람은 당신 숙부가 아니라 날강도예요."

메리는 충격을 받은 듯했습니다. 내가 낱낱이 털어놓자 굉장히 화를 냈습니다.

"나쁜 놈들! 어서 사람들에게 말해버리자! 강에다 내던져 버려야 해!"

"좋은 수가 있어요! 제가 저 놈들과 며칠간 여행을 하게 해주세요. 지금 그놈들을 밀고하면 누군가, 메리가 모르는 누군가가 곤경에 처하게 돼요. 그 사람을 구해야 하지 않겠어요?"

그러자 나와 짐이 두 사기꾼들을 따돌릴 수 있는 방법이 생각났습니다.

"메리 제인, 친구 집에 가서 밤에 돌아오세요. 내가 열한 시까지 오지 않으면 내가 안전하다는 뜻으로 받아들이세요. 그러면 사람들에게 다 밝혀도 돼요."

메리가 가기 전에 나는 돈은 메리 아버지의 관 속에 있다는 편지를 썼습니다. 그것을 접어서 메리에게 주며 말했습니다.

"메리 제인. 친구 집에 가는 길에 이 편지를 읽으세요. 그 전에 읽으면 안 돼요."

"잘 있어. 널 위해 기도할게."

그런 다음 나는 공작과 왕이 피터 윌크스 씨의 재산을 팔고 있는 경매장으로 갔습니다.

P. 117 그날 오후가 끝나갈 무렵, 두 사람은 전부 다 팔았습니다.

그때 사람들이 몰려들었습니다. 사람들 중에 점잖은 외모의 노신사와 역시 잘 생긴 젊은 사람이 있었습니다. 사람들은 웃고 소리지르는데, 이유를 알 수가 없었습니다. 사람들이 몰려들자, 노신사가 입을 열었습니다. 그는 진짜 영국사람처럼 말을 하는 겁니다!

"난 피터 윌크스의 동생인 하비요. 이 사람은 윌리엄이고. 귀머거리에다가 벙어리올시다. 우리 짐이 여기보다 상류에 있는 마을에 잘못 내려졌는데, 짐이 도착하면 우리가 누군지 증명할 수 있을 거외다. 그때까지 우리는 호텔에 있으리다."

사람들은 웃었습니다. 아무도 새로 온 두 사람의 말을 믿지 않았습니다. 사람들 사이에 있던 의사가 말했습니다.

"이 새로 온 사람들이 고인의 진짜 형제들인지는 모르지만 저 두 사람이 가짜인 것은 확실해요!" 의사는 공작과 왕을 가리켰습니다.

모두가 피터 윌크스 씨의 집으로 갔습니다. 의사는 왕과 공작에게 말했습니다.

P. 118 "당신들이 진짜 형제라는 걸 증명해 보이시오. 우리에게 육천 달러를 주시오. 당신들이 진짜라고 밝혀질 때까지 보관하고 있으리다."

"나도 그럴 수 있으면 좋겠지만 검둥이들이 그 돈을 훔쳐갔소."

이제 사람들은 왕과 공작을 의심하기 시작했습니다. 그러자 그 노신사는 왕에게 물었습니다.

"피터 윌크스는 가슴에 문신이 있는데 어떤 모양이오?"

왕은 당황해 하는 것 같더니 웃으면서 말했습니다.

"파란색 화살이오."

"아니오, 그의 이름 첫글자인 PW오."

사람들 사이에 있던 한 변호사가 무덤으로 가서 관을 파보자고 제안했습니다. 모두들 따라갔습니다. 나는 걱정이 되었습니다. 진실이 밝혀지면 사람들이 나도 한패라고 생각할 테니까요. 메리 제인을 밖으로 나가게 한 걸 후회했습니다.

곧, 어두워졌고 비가 오기 시작했습니다. 바람이 불고 천둥 번개가 쳤습니다. 마침내 관이 파헤쳐졌고 뚜껑이 열렸습니다. 누군가 소리쳤습니다.

"이 안에 돈주머니가 있다!"

P. 119 사람들은 흥분했습니다. 그 기회에 나는 도망쳤습니다. 윌크스 씨의 집을 지날 때 메리 제인이 생각났습니다. 그녀는 내가 알고 있는 여자 중 가장 착한 여자였습니다. 나는 강에 닿자 우리의 뗏목이 있는 곳까지 달렸습니다.

"짐, 일어나! 어서 가야 해!"

짐은 나를 보자 굉장히 기뻐했습니다. 몇 분 후 우리는 강을 따라 내려가고 있었습니다. 우린 둘 다 다시 자유로워졌습니다. 그러나 바로 그때, 번개가 치고 왕과 공작이 카누를 타고 우리를 쫓아오고 있었습니다. 나는 울고 싶은 심정이었습니다.

왕은 뗏목으로 뛰듯이 올라타더니 나를 붙잡고서는 물었습니다.

"왜 도망쳤지?"

"저 아이를 놓아주세요. 우리 모두 달아났잖아요." 공작이 말했습니다.

그리고 나서 공작과 왕은 그 돈에 대해 이야기를 나누었습니다. 돈이 어떻게 관 안에 들어갔는지는 모르더군요. 서로 상대방이 돈을 훔치려 했다고 욕했습니다.

마침내 두 사람이 잠이 들고 코를 골자, 나는 그 동안 일어났던 이야기를 전부 짐에게 해주었습니다.

12. 사라진 짐

P. 120 우리는 여러 날 동안 뗏목을 타고 여행했습니다. 어느 마을에도 멈추지 않았습니다. 우리는 이제 먼 남부 지방으로 내려와서 날씨는 아주 더웠습니다. 나무에는 두꺼운 이끼가 덮여 있었습니다. 그런 이끼를 본 건 처음이었어요. 그러니까 나무들이 굉장히 으스스해 보이더군요. 왕과 공작은 우리가 이제 위험에서 벗어났다고 생각했는지, 또 마을 사람들을 상대로 골탕먹이기 시작했습니다. 그러나 매번 실패하자 매우 슬퍼했습니다.

두 사람은 또 비밀 공모를 하기 시작했는데, 이 때문에 나와 짐은 화가 났습니다. 뭔가 나쁜 계획을 세우고 있다는 느낌이 들었습니다. 우리는 틈만 보이면 도망치기로 했습니다. 어느 날 왕은 한 마을에 들어갔습니다. 잠시 뒤 공작과 내가 그를 찾으러 그 마을로 갔습니다. 공작과 왕은 싸움을 했습니다. 틈이 보이자 나는 뗏목으로 뛰어와서는 짐을 불렀습니다.

"가자, 짐! 이젠 됐어!"

그런데 대답이 없었습니다. 짐이 사라진 겁니다. 짐을 찾아 숲과 길을 헤맸지만 찾을 수가 없었습니다.

P. 121 나는 앉아서 울었습니다. 그러자 한 사내 아이가 길을 따라 걸어오는 게 보였어요. 검둥이를 보았냐고 물었더니 그는 이렇게 말했습니다.

"그럼."

"어디서?"

"사일러스 펠프스 농장에서. 도망친 검둥이인데 우리가 잡았어. 그 검둥이를 찾고 있는 거야?"

"아니, 두 시간 전에 숲에서 봤는데, 그 놈이 내가 밀고라도 하면 날 죽인다고 협박했어. 너무 무서워서 숲에 숨어 있었어."

"그럼 이젠 안심해도 돼. 그 놈에겐 이백 달러의 현상금이 붙어 있으니까 말이지."

"누가 잡았어?"

"어떤 노인이 잡았어. 그런데 사십 달러에 자기 권리를 팔아버렸지 뭐야. 당장 떠나야 하니까 현상금을 기다릴 시간이 없다면서 말이야."

그 사내 아이는 가버리고 나는 생각을 하러 뗏목으로 갔습니다. 머리에 쥐가 날 때까지 생각하고 또 생각했지만 마땅한 해결책이 떠오르지 않았습니다. 불한당 같은 왕과 공작은 단돈 사십 달러에 짐을 모르는 사람들에게 팔아넘긴 겁니다.

짐이 어차피 다시 노예가 될 바에야 고향에서 노예 노릇을 하는 편이 낫다는 생각이 들었습니다.

P. 122 그래서 나는 왓츤 아주머니에게 편지를 쓰기로 했습니다. 그러나 바로 그때, 짐과 함께 했던 즐거웠던 시간들이 떠올랐습니다. 짐이 나더러 하나밖에 없는 친구라고 했던 말이 떠올랐습니다. 나는 짐이 노예가 되는 것을 막아야 했습니다!

나는 잠자리에 들 때까지 계속 생각을 했습니다. 다음 날 아침 아침을 먹은 후, 제일 좋은 옷을 골라 입은 다음, 물건들을 카누에 실었습니다. 펠프스 농장이라고 생각되는 곳 근처까지 노를 저어 갔습니다. 카누를 감추고는 길을 나섰습니다.

그곳에 이르니 사방은 조용하고 무더웠으며 햇볕이 내려쪼이고 있었습니다. 아무도 없었습니다. 벌레들이 웅웅거리는 소리가 들려왔고 그 때문에 더욱 쓸쓸한 곳으로 보였습니다. 그 곳은 울타리와 커다란 통나무집이 있는 조그만 농장이었습니다. 집쪽으로 걸어가니 열다섯 마리나 되는 개들이 몰려와 시끄럽게 짖어댔습니다. 개들이 나를 둘러싸는 바람에 나는 갇힌 꼴이 되고 말았습니다.

그때 한 여자가 집에서 나왔습니다. 마흔다섯에서 쉰 살 정도 되어 보이는데, 두 아이가 따라나왔습니다. 여자는 미소를 짓더니 말했습니다.

"너구나! 드디어 네가 왔구나!"

"네, 마님." 나는 무심코 이렇게 말해버리고 말았습니다.

여자는 오더니 나를 꽉 껴안았습니다. 그러더니 울기 시작했어요.

P. 123 "네 엄마를 닮지 않았구나. 하지만 상관없다. 너를 만나 얼마나 기쁜지 모르겠구나! 얘들아, 이리로 오너라. 너희들 사촌 톰이야. 인사하렴."

아이들은 부끄러워서 엄마 뒤에 숨었습니다.

"우리는 며칠 동안 이제나 저제나 하고 너를 기다리고 있었단다. 왜 이렇게 늦었니?"

"예, 마님…"

"마님이라고 부르지 마라. 샐리 이모라고 그래라. 그래, 어디 있었니?"

나는 이야기를 지어냈습니다. 배가 좌초 당했다고 하자 여자는 나를 집 안으로 데리고 들어갔습니다. 여자는 여러 가지를 묻기 시작했고 나는 슬슬 걱정이 되었습니다. 안에는 노신사가 한 분 계셨는데, 두 사람이 펠프스 부부라고 추측했습니다. 노신사가 물었습니다.

"개는 누구요?"

"모르겠어요?"

"모르겠는데. 누구요?"

"톰 소여잖아요!"

P. 124 내 친구 이름을 듣자 나는 거의 기절할 지경이 되었습니다. 노신사는 악수를 하는데 나를 본 게 매우 기쁜 것 같습니다. 두 사람은 시드와 메리 누나, 그밖의 가족에 대해 이것저것 물어보셨습니다. 두 사람도 기뻤지만 나는 더 기뻤지요. 나는 가족에 대해 다 이야기를 지어내었습니다. 마음이 편안해지려던 차에, 갑자기 진짜 톰 소여 생각이 났습니다. 당장에라도 나타날 테니까요! 나는 노신사와 그 부인에게 마을에 가서 가방을 가져와야 한다고 말했습니다. 노신사는 같이 가고 싶어했지만 나는 혼자 갈 수 있다고 우겼습니다.

마을까지 반쯤 갔을 때, 나는 톰 소여와 마주쳤습니다. 톰도 나를 보자 입이 벌어져서는 다물지 못했습니다. 겁에 질린 것 같았습니다. 이윽고 톰이 말했습니다.

"난 너에게 해를 끼친 적이 없어. 왜 귀신이 되어 나를 괴롭히냐?"

"난 귀신이 아니야. 난 죽지 않았어."

"뭐라고? 살해되지 않았다고?"

"응, 안 죽었어. 사람들을 속였지."

나는 계속해서 이 이상한 상황에 대해 들려주었습니다. 드디어 나는 짐 얘기까지 꺼내게 되었습니다. 그는 좋아하면서 이렇게 말하더군요.

"짐을 빼오도록 도와줄게!"

P. 125 톰은 궁리를 하더니 나보고 가방을 가지고 농장으로 가라고 하더군요. 내가 도착한 지 삼십 분 뒤 톰이 왔습니다. 샐리 이모가 문간으로 와서는 물었습니다.

"누구니?"

톰이 대답하기도 전에 내가 문간으로 나가서 말했습니다.

"샐리 이모, 제 동생 시드를 모르시겠어요?"

이모는 톰을 여러 차례 안고 키스를 했습니다. 그리고 노신사도 똑같이 했습니다. 두 사람이 진정된 다음 이모가 물었습니다.

"정말 놀랍구나. 언니는 톰만 온다고 했지 시드 네가 온다는 소리는 안 했거든."

"음, 샐리 이모, 저를 보내주실 때까지 이모를 계속 졸랐거든요. 톰이 먼저 와서 이모를 놀래주는 게 좋겠다고 톰은 생각한 거죠."

"하여튼 너희들이란! 어쨌든, 너희 둘 다 여기 있는 게 너무 좋아서 이런 장난은 참을 수 있다. 정말 놀라 자빠질 뻔했지 뭐니!"

우리는 일곱 식구가 먹기에 푸짐한 저녁 식사를 했습니다.

P. 126 사일러스 이모부는 기도를 올렸고 우리는 식사를 했습니다. 이야기를 많이 했지만 어느 누구도 도망친 검둥이 이야기는 하지 않았습니다. 그러나 바로 그때 아이들 중 한 명이 말했습니다.

"아빠, 우리 톰 형이랑 시드 형 따라 연극 보러 가면 안 돼요?"

"안 된다. 연극이 열릴 것 같지도 않구나. 그 도망친 노예가 버튼과 나에게 말하길 그 연극은 가짜라더구나. 아마 사람들이 벌써 그 두 사기꾼들을 마을 밖으로 내쫓았을 게다."

그날 밤, 톰과 나는 창문 밖으로 빠져나와 마을로 갔습니다. 가는 길에 톰은 그 동안 고향에서 일어난 일을 전부 얘기해 주었습니다. 나는 짐과 함께 겪었던 모험담을 들려주었지요. 그리고 햇불을 들고서는 고래고래 소리를 지르는 사람들을 만나게 되었습니다. 보니 공작과 왕을 짊어지고 가는 중이었어요. 두 사람을 막대기에 묶었는데 온 몸에 타르를 칠하고 깃털을 꽂아 둔 것이었어요. 그것을 보자 속이 메스꺼워졌습니다. 두 사람이 불쌍하게 생각되었지요. 더 이상 두 사람에게 화가 나지 않았습니다. 인간이란 어쩜 다른 인간에게 그렇게 잔인할 수 있는지! 우리는 걸어서 집으로 돌아왔습니다. 내가 한 일은 아무 것도 없었지만 괜히 슬프고 죄책감이 들었습니다.

13. 짐을 탈출시켜라!

P. 127 그날 밤, 집에 오는 길에 톰이 이렇게 말했습니다.

"우리는 바보야! 이제야 알아내다니. 짐이 어디 있는지 알겠어!"

"어딘데?"

"밭 근처의 헛간에 있어. 저녁 먹고 나서 검둥이 하나가 그 안으로 음식을 나르는 것 봤지?"

"응, 난 개한테 가져다 주는 걸로 알았는데."

"음, 수박도 가져다 줬어."

"나도 봤어! 왜 그 생각을 못 했을까. 걔는 당연히 수박을 안 먹지. 사람이란 무엇인가를 눈으로 보면서도 알아보지 못하는 수가 있다니까."

"그 검둥이는 헛간에 들어갈 때는 문을 안 잠가. 나올 때는 다시 잠그고. 짐이 그 안에 있을 것 같아. 짐을 빼올 방법을 생각해 보자."

P. 128 톰은 정말 영리했습니다. 대단한 계획을 생각해 낼 줄 알았죠. 그리고 수시로 계획을 바꾸지만 내가 계획을 바꾸도록 하지는 않는다는 것도 나는 알고 있었죠. 하지만 톰은 진지했고 정말 짐을 돕고 싶어했습니다.

우리는 집에 도착하자 헛간으로 갔습니다. 창문 한 쪽에 구멍이 나 있는데 그 위에 못으로 판자를 씌워놓았습니다. 나는 말했습니다.

"판자를 떼버리자. 짐이 그 구멍으로 나올 수 있게."

"그건 너무 쉬워. 좀더 복잡한 계획이 필요해, 허크. 나에게 더 좋은 생각이 있어. 땅을 파서 짐을 구출하자! 그러면 일주일쯤 걸릴 거야!"

다음 날 아침 우리는 헛간으로 음식을 나르고 있는 검둥이를 만났습니다. 그 검둥이와 친하게 지내는 게 좋겠다고 생각했습니다. 그에게 말을 걸기 시작했죠. 그 검둥이는 아주 다정하고 착했습니다. 톰이 물었죠.

"개에게 먹이를 가져다 주는 거니?"

그 검둥이는 싱긋 미소를 짓더니 웃었습니다. 그리곤 말했습니다.

"네, 개에게 먹이를 가져다 주는 길입니다. 한번 보시겠어유?"

톰은 이건 계획에 들어 있지 않던 일이라 걱정했지만, 우리는 그 검둥이와 함께 갔습니다. 검둥이가 문을 열자 안은 어두웠습니다. 하지만 짐은 그곳에 있었습니다.

P. 129 짐이 소리쳤습니다.

"이런, 허크! 맙소사! 이건 톰 도련님 아닌가?"

그 검둥이는 놀라더니 말했습니다.

"이 놈이 어떻게 도련님들을 알아유?"

톰은 그 검둥이를 보더니 말했습니다.

"누가 우리를 안다는 거야? 지금 대체 무슨 말을 하고 있는 거야?"

그 검둥이는 잠시 어리둥절해 하더니 곧 말했습니다.

"이게 다 마녀 때문이구만유. 정말 난 죽고 싶어유. 제발 이 얘기를 아무한테도 하지 말아주세유."

톰은 검둥이에게 은화 한 닢을 쥐어주며 아무에게도 말하지 않겠다고 했습니다. 그 검둥이가 문가로 가서 은화가 진짜인지 알아보려고 깨물어보는 동안 톰은 짐에게 몸을 돌려 속삭였습니다.

"우리를 모른 척해. 밤에 이 주위 땅을 팔 거야."

다음 날 밤 우리는 땅을 파기 시작했습니다. 처음에는 손으로 팠습니다. 그건 시간이 너무 많이 걸렸습니다. 그래서 나이프를 사용했습니다. 이건 조금 더 빨리 되더군요. 나는 곡괭이와 삽을 쓰자고 했지만 톰은 모험담에서는 항상 나이프로 판다고 했습니다.

P. 130 다음 날, 나는 옷가지와 수박을 훔쳐서는 검둥이더러 짐에게 가져다 주라고 했습니다.

P. 131 나는 그 안에 나이프를 숨겨서 구멍을 파는 걸 짐이 도울 수 있도록 했습니다.

톰은 삼십칠 년이나 구멍을 판 죄수 이야기를 들려주었습니다. 그 죄수가 땅을 다 파고 나오니 중국이었다는 겁니다.

"하지만 짐은 중국에 아는 사람이 없어." 내가 말했습니다.

그날 밤, 우리는 구멍을 파고 또 팠습니다. 마치 영원이라도 걸릴 것 같았죠. 우리는 지쳤고 손에는 물집이 생겼습니다. 나는 톰에게 말했습니다.

"이건 삼십칠 년보다 더 걸리겠다."

톰은 대답하지 않고 한숨을 쉬더니 땅 파기를 멈추었습니다. 그러더니 이렇게 말했습니다.

"허크, 이래선 안 되겠다. 새로운 방법을 생각해 봐야겠어."

"어떻게 할 건데?"

"곡괭이와 삽을 쓰자!"

그래서 우리는 곡괭이와 삽을 구하러 갔습니다. 일은 급진전됐습니다. 이틀 밤 후 구멍은 우리가 헛간 밑으로 들어갈 만큼 깊어지고 폭도 넓어졌습니다.

P. 132 다음 날 톰은 초, 숟가락, 그 외 짐에게 필요한 것을 훔쳤습니다. 그날 밤, 우리는 구멍으로 들어가 헛간 밑으로 가게 되었습니다. 구멍을 다 파고 나서, 짐의 헛간으로 나왔습니다. 짐은 잠들어 있었는데, 건강하고 좋아 보였습니다. 우리는 짐을 살며시 깨웠습니다. 짐은 우리를 보더니 좋아서

거의 울 듯했습니다. 우리는 함께 옛날 이야기를 했습니다. 그런 다음 톰은 짐에게 여러 가지 질문을 하기 시작했어요. 짐은 사일러스 이모부가 매일 들러서는 짐과 함께 기도를 한다는 얘기를 했습니다. 샐리 이모도 헛간을 찾아와서는 짐이 편안한지 챙긴다는 겁니다. 이모는 음식을 가져다 주었습니다. 짐은 두 사람 다 매우 좋은 사람이라고 말했습니다.

사일러스 이모부는 공작이 짐에게 붙여놓았던 도망친 노예 포스터에 적힌 주소의 농장으로 편지를 써보냈습니다. 그건 당연히 가짜 주소였으므로 답장이 없었습니다. 이모부는 세인트 루이스와 뉴올리언즈 신문에 광고를 내기로 했습니다. 왓츤 아주머니가 그 세인트 루이스 신문을 읽지 않을까 걱정이 되었습니다. 그래서 우리는 짐의 구출을 서둘러야 했습니다.

톰은 짐의 구출 계획을 즐기고 있었어요. 하지만 방법이 너무 쉽다고 생각했는지 일을 좀 더 어렵게 만들고 싶어했습니다.

P. 133 그래서 편지를 쓰자고 제안하더군요.

내가 "무슨 편지를?"이라고 물었습니다.

"누군가 도망친 노예를 훔치려 한다고 경고해줘야 해."

"우리가 왜 그래야 하는데?"

"만약 경고를 하지 않으면, 짐의 구출을 돕는 건 너무 쉬워. 김도 빠질 거고. 재미있는 모험으로 만들자고!"

나는 톰을 이해할 수 없었습니다. 하지만 톰의 마음을 바꾸지 못하리라는 걸 알았으므로 그런 어처구니없는 계획에 찬성했습니다.

그날 밤, 톰은 나에게 편지 한 장을 주며 문 밑으로 끼워넣으라고 했습니다. 거기에는 이렇게 쓰여있었습니다.

조심하라, 시끄러운 문제가 일어나고 있다. 경계하라.

익명의 친구

그날 밤, 톰은 두개골과 그 밑에 대퇴골을 교차시킨 그림을 문 위에다 붙였습니다. 그 다음 날 밤에는 관 그림 하나를 뒷문에다 붙였습니다.

P. 134 그 집안 식구들은 불안에 떨었습니다. 문이 쾅당 닫히거나 무슨 조그만 소리라도 들리면 샐리 이모는 펄쩍 뛰며 "어구머니나!" 하고 소리쳤지

요. 톰은 이 모습을 보고는 일이 매우 잘 되어간다고 생각했습니다.

다음 날 톰은 마지막으로 한 가지를 했습니다. 또 한 장의 편지를 쓴 것이지요. 그날 밤, 집안 식구들은 두 명의 검둥이에게 밤새도록 보초를 서게 했습니다. 톰은 한 놈이 잠들 때를 기다렸다가 그 놈 목덜미에 편지를 꽂아두었습니다. 편지의 내용은 이랬습니다.

나를 배신하지 마라. 나는 귀하의 친구가 되기를 원한다. 어떤 갱단이 내일 밤 귀하의 도망친 검둥이를 훔치려고 한다. 이 갱단은 귀하가 집안에 머물도록 하려고 그 동안 귀하에게 겁을 줘왔다. 나는 그 갱단의 일원이었지만 이 짓을 그만두고 다시 올바른 생활을 하려고 한다. 놈들이 헛간에 있을 때 나는 "음매"라고 양 울음 소리를 낼 것이다. 그때 귀하는 놈들을 잡고 원한다면 죽여도 될 것이다. 나는 아무런 보수도 바라지 않는다. 단지 옳은 일을 하고 싶을 뿐이다.

익명의 친구

P. 135 다음 날 우리는 기분이 좋았으므로 아침을 먹고 난 후 카누를 타고 낚시질을 하러 나갔습니다. 우리는 뗏목이 잘 있나 보러 갔는데 여전히 잘 있었습니다. 늦게서야 저녁을 먹으러 집에 왔는데, 집안 식구들은 모두 불안에 떨고 있었습니다. 우리가 저녁 식사를 마치자마자 침실로 내쫓았습니다. 이유도 얘기해 주지 않았습니다. 열한시 반쯤 우리는 도망칠 준비를 시작했습니다. 톰은 먹을 것을 생각했는지 이렇게 말했습니다.

"먹을 게 필요해."

"도망친 다음 먹을 것을 구할 수 있어."

"가져가는 편이 나을 거야. 지하실로 내려가 먹을 걸 좀 가져와. 나는 밖에 나가서 짐이 도망칠 준비를 돕고 있을 테니까. 오는 대로 '음매' 하고 양 울음소리를 낼 준비를 하고 있어."

톰은 밖으로 나갔고 나는 지하실로 내려갔습니다. 버터와 옥수수빵을 찾아서 가져나왔습니다. 계단으로 올라가자 마침 샐리 이모와 마주쳤습니다. 나는 얼른 모자에다 먹을 것을 숨겼지요. 이모는 말했습니다.

"지하실에 갔다오는구나?"

"네, 이모."

"지하실에서 뭘 하고 있었지?"

P. 136 "아무 것도 안 했어요."

"아무 것도 안 했다고? 그럼 무엇 때문에 지하실로 내려간 거지?"

"모르겠는데요, 이모."

"모른다고? 자 말해 보거라. 거기서 뭘 하고 있었니?"

"아무 것도 안 했어요, 이모."

나는 이모가 보내주려니 생각했습니다. 여느 때라면 그렇게 했을 겁니다. 그러나 이상한 일들이 많이 일어나서 신경이 곤두서있었으므로 이렇게 말했습니다.

"거실로 들어가서 앉아 있거라. 내가 올 때까지 꼼짝말고 기다려야 한다. 넌 무슨 잘못을 저질렀을 거야. 그게 뭔지 알아내야겠다."

이모는 가버렸고 나는 거실로 들어갔습니다. 거기에는 엄청나게 많은 사람들이 모여 있는 게 아니겠습니까! 열다섯 명이나 되는 농부들이 한 사람도 빠짐없이 총을 들고 있었습니다. 나는 메스꺼워 의자에 앉았습니다. 농부들은 전부 안절부절못하고 있었고 낮은 목소리로 무어라고 속삭이고 있었지요.

나는 샐리 이모가 빨리 와주었으면 했습니다. 밖에 나가서 톰에게 말하고 싶었습니다. 짐과 빨리 도망쳐야 했으니까요.

마침내 샐리 이모가 돌아와서는 나에게 갖가지 질문을 하기 시작했습니다. 나는 제대로 대답할 수가 없었습니다. 나는 거기 모인 사람들 때문에 불안했고 부들부들 떨리기 시작했습니다. 모인 사람들 중 하나가 당장이라도 헛간으로 나가서 갱단을 잡자고 했습니다.

P. 137 이 말이 나오자 나는 극도로 긴장이 되었습니다. 기절할 것 같았습니다. 그때, 모자 밑으로 버터가 녹기 시작하여 이마로 줄줄 흘러내리기 시작했습니다. 샐리 이모는 얼굴이 하얗게 질려서 말했습니다.

"이런 맙소사! 뇌막염에 걸렸군! 그래서 저렇게 된 거야. 머릿골이 새어나오고 있잖아."

모두들 내쪽으로 달려왔고 샐리 이모는 내 모자를 잡아 젖혔습니다. 옥수수빵과 남아있던 버터가 떨어졌습니다. 이모는 나를 잡고 껴안더니 말했습니다.

"이런, 이렇게 사람을 놀라게 하다니! 뇌막염이 아니어서 얼마나 기쁜지 모르겠구나! 그런데 왜 그걸 가지러 지하실로 내려갔다고 말하지 않았니? 그랬으면 아무 일도 없었을 걸 가지고. 자 이제 잠을 자러 가거라. 아침에 보자꾸나."

나는 당장 이층으로 올라가서 창문으로 뛰어내려 헛간에 있는 톰을 찾으러 달려갔습니다. 안은 어두웠습니다. 나는 톰에게 당장 도망쳐야 한다고 말했습니다. 집안에는 총을 든 사람들로 가득하다고 말했지요.

P. 138 톰은 흥분하며 이렇게 말했습니다.

"정말? 거 근사한걸! 정말 신난다!"

"서둘러! 어서!" 그리고 나서 내가 말했습니다. "짐은 어딨어?"

"짐은 여기 있어. 준비 완료야. 구멍 밖으로 나가서 양 소리를 내."

바로 그때 헛간 밖에 사람들 소리가 들렸습니다. 그 중 한 사람이 문 자물 쇠를 만지작거리며 이렇게 말하는 소리가 들렸습니다.

"내가 너무 이르다고 말했잖아. 놈들은 아직 안 왔다고. 문은 잠겨져 있어. 자, 자물쇠를 따고 들어가면 몇 명은 안에 숨을 수 있어. 그런 다음 놈들이 들어오면 안에서 덮치자고. 나머지 사람들은 놈들이 오는 소리가 들릴 때까지 밖에 숨어서 기다리고."

이어 사람들이 들어왔습니다. 어두웠기 때문에 우리를 보지는 못했지요. 우리는 살며시 우리가 파놓은 구멍으로 빠져나왔습니다. 먼저 짐이 나갔고, 그 다음으론 내가, 맨 나중에 톰이 나갔습니다. 그것도 톰의 계획이었지요. 우리는 바깥에 숨어있었습니다. 어두웠기 때문에 바깥에 잠복해 있던 사람들 눈을 피할 수 있었습니다. 우리는 숨을 죽인 채 최대한 빨리 걸었습니다. 우리는 울타리 쪽으로 걸어갔습니다. 짐과 나는 울타리를 넘었는데, 톰은 바지가 걸리고 말았습니다. 누가 오는 소리가 들렸기 때문에 달아나야 했습니다. 톰이 바지를 억지로 잡아당겨 울타리 조각이 뚝 하며 부러지는 소리가 났습니다.

P. 139 톰도 도망치기 시작했는데, 누군가 소리쳤습니다.

"거기 누구야? 대답해, 안 그러면 쏜다!"

우리는 대답하지 않고 최대한 빨리 달렸습니다. 그때 탕, 탕, 탕! 총소리가 났습니다. 총알들이 핑 소리를 내며 우리 곁을 스쳐갔습니다. 사람들이 소리쳤습니다.

"저기 있다! 강쪽으로 도망친다! 쫓아가자! 개를 풀어!"

사람들이 우리를 쫓아왔습니다. 사람들은 장화를 신고 있었고 큰 소리로 떠들었기 때문에 그들이 따라오는 소리를 들을 수 있었습니다. 그러나 우리는 장화도 신지 않았고 소리도 지르지 않았습니다. 그들이 가까이 따라오자 우리는 나무 덤불로 몸을 피했습니다. 그들을 먼저 보내고 나서 그 뒤를 따라갔습니다. 그러자 개들이 몰려왔습니다. 개들은 수백만 마리나 되는 듯 짖어대며 오고 있었습니다. 그러나 개들은 우리를 알고 있었기 때문에 우리를 발견하고도 그저 반가워 하는 소리만 내는 겁니다. 개들은 소리 나는 쪽으로 달려가고 우리는 개 뒤를 따라서 카누가 매여져 있는 강까지 갔습니다. 카누에 타고는 전속력으로 조용히 강 한복판까지 노를 저어 갔습니다.

P. 140 뗏목이 숨겨져 있는 섬까지 노를 저었어요. 강 여기저기서 사람들 소리와 개들이 짖는 소리가 들려 왔습니다. 곧 우리는 멀리 떨어지게 되었고, 소리는 점차 희미해지더니 사라지고 말았습니다. 뗏목에 올라타서 내가 이렇게 말했죠.

"자, 짐, 짐은 이제 또다시 자유의 몸이 됐어. 이제 다시는 노예가 될 일은 없을 거야."

"정말 잘 했어, 허크. 정말 훌륭한 계획이었다니까."

우리는 무척이나 기뻤습니다. 그 중에서도 톰이 제일 기뻐했죠. 종아리에 총을 맞았기 때문이었지요.

나와 짐은 그 얘기를 듣자 걱정이 되었습니다. 톰은 아파하는 데다가 피가 흘러나오고 있었습니다. 우리는 톰을 눕히고는 공작의 셔츠 한 장을 찢어 톰의 다리에 붕대처럼 감았습니다. 그러나 톰은 이렇게 말했습니다.

"내가 할게! 여기서 멈추면 안 돼. 계속 노를 저어. 친구들, 우리는 멋지게 해낸 거야! 정말 근사한 탈출이었어! 모험담에 나올 만한 탈출이야! 계속 노를 저어."

짐과 나는 조용히 이야기를 나누었습니다. 어떻게 해야 하는지 생각했습니다. 잠시 뒤 나는 톰에게 의사를 데리고 오겠다고 했습니다. 톰은 찬성하지 않았지만 나와 짐이 극구 주장했습니다. 내가 카누를 채비하자 톰이 말했습니다.

P. 141 "음, 의사를 부르겠다면, 우리가 어디 있는지 모르게 의사 눈을 가려야 해."

나는 그러겠다고 하고 두 사람을 뗏목에 남겨두었습니다. 내가 의사와 돌아오면 짐은 숲속에 숨기로 하고 말입니다.

14. 재회

P. 142 나는 가장 가까운 마을로 가서 병원을 찾았습니다. 의사를 깨웠는데, 그는 나이가 많고 마음씨가 착하고 친절해 보이는 사람이었습니다. 사냥 차 동생이랑 섬에서 야영을 하는 중이라고 말했습니다. 동생이 자기 총에 걸리는 바람에 다리에 총상을 입었다고 했습니다. 같이 가서 치료해 줄 수 있겠느냐고 물었습니다. 그리고 식구들을 놀라게 해주고 싶으므로 아무에게도 말하지 말아달라고 했지요.

"뉘 댁이지?" 의사가 물었어요.

"펠프스 집 사람이에요."

그는 램프에 불을 켜고 왕진 가방을 준비했습니다.

내 카누를 보자 안전해 보이지 않는다고 했습니다. 두 사람이 타면 위험하다는 것이었어요.

"걱정하지 마세요, 선생님. 세 사람도 탔으니까요."

"세 사람이라고?"

"제 말은, 시드랑 나랑 그리고, 어, 그리고 총 말이에요! 셋은 바로 그 뜻이지요!"

"어, 그래."

그는 카누를 타더니 흔들어 보았습니다. 머리를 가로저었습니다.

P. 143 두 사람이 타기에 안전하지 않다는 겁니다. 나보고 자기가 돌아올 때까지 기다리라고 하더군요. 나는 뗏목으로 가는 길을 알려주었고 의사는 혼자 노를 저어 갔습니다.

그러자 걱정이 되기 시작했습니다. 톰의 다리를 치료하는 데 며칠이 걸린

다면? 다른 사람에게 우리 이야기를 한다면?

나는 잠을 잘 곳을 찾았습니다. 일어나니 해가 중천에 높이 떠있더군요. 나는 의사 집으로 갔지만 집에 없다는 말만 들었습니다. 전날 밤 어디론가 가서 오지 않았다고 했습니다. 나는 톰이 걱정되기 시작했습니다. 다시 섬으로 돌아가기로 하고 카누를 찾으러 달려갔습니다. 모퉁이를 도는데 사일러스 이모부의 배를 들이받았지 뭡니까! 이모부가 말했습니다.

"톰! 어디 있었느냐?"

"음, 시드와 도망친 검둥이를 찾고 있는 중이었어요."

"네 이모가 걱정하고 계신다."

"걱정하실 필요 없으세요. 우린 그 사람들과 개 뒤를 따라갔는데 사람들이 너무 빨리 가는 바람에 그만 놓치고 말았어요.

P. 144 그래서 카누를 타고 강을 올라갔는데 노를 저어 가다가 녹초가 되어서 잘 곳을 찾았지요. 한 시간 전까지 계속 잠을 잤어요. 시드는 무슨 소식이 없나 하고 우체국으로 갔고, 나는 먹을 것을 얻고 있던 참이었어요."

우리는 시드를 찾으러 우체국으로 갔지만 '시드'는 없었지요. 사일러스 이모부는 안으로 들어가더니 편지 한 장을 받으셨습니다. 우리는 계속 기다렸습니다. 한참 후 이모부가 함께 집으로 가자고 하시는 겁니다. 시드는 나중에 혼자 집으로 올 거라면서 말입니다. 나는 기다리겠다고 이모부를 졸랐지만 이모부는 집으로 가서 이모에게 우리가 무사하다는 것을 보여줘야 한다고 주장하는 겁니다.

집으로 가자 샐리 이모는 나를 보더니 기뻐하셨습니다. 웃고 울더니 여러 번 껴안았습니다. 시드도 집으로 돌아오면 똑같이 했을 텐데 하시면서 말입니다.

집안은 농부와 그 부인들로 만원을 이루었습니다. 부인들은 하루종일 그날 일어난 일을 떠들어대는 겁니다. 오후 늦게야 사람들이 모두 가버리자 샐리 이모는 나와 시드가 어디 갔었느냐고 묻더군요. 왁자지껄한 소리와 총소리에 잠이 깨어, 재미난 소동을 보고 싶어 창문으로 뛰어내렸다고 했습니다. 사일러스 이모부에게 한 이야기도 전부 했습니다. 이모는 나에게 여러 차례 키스를 하면서 용서해 주겠다고 하셨습니다.

P. 145 그리고 말씀하셨습니다.

"이런! 이제 거의 밤이 됐는데 시드가 돌아오지 않다니! 도대체 어디 간 걸까?"

나는 이때다 싶어 말했습니다.

"내가 마을에 가서 데려올게요!"

"넌 안 돼! 넌 여기 있거라. 한 번에 한 녀석만 잃어버리는 것으로 족해. 저녁 먹고도 오지 않으면 네 이모부를 보내 찾아보게 해야겠다."

저녁 식사를 끝내고 나서도 시드는 돌아오지 않아서 이모부가 찾으러 나갔습니다.

열 시 넘어서야 돌아오셨는데 못 찾았다고 하셨습니다. 샐리 이모는 여간 걱정하지 않았지만 이모부는 사내애는 원래 그렇다면서, 내일 아침에는 돌아올 것이라고 하셨습니다. 하지만 이모는 혹시 모르니까 일어나 기다리겠다고 하셨지요.

샐리 이모는 나를 침대로 데려갔습니다. 내 옆에 한참 동안 앉아 시드 얘기를 하셨습니다. 시드는 좋은 아이라면서 전에 말썽을 일으킨 적이 있는지 물으셨어요. 나는 시드가 잘 있을 거라 생각한다고 말했습니다. 그래도 이모가 울고 있는 것을 볼 수 있었습니다.

P. 146 이모는 방을 나가면서 나를 돌아보더니 말했습니다.

"이 문에는 열쇠가 채워져 있지 않다. 그리고 창문도 닫혀 있지 않다. 제발 아무 데도 가지 말고 여기 있거라. 나를 생각해서 말이다."

나는 톰을 찾아 나가고 싶었지만 샐리 이모를 실망시키고 싶지 않았습니다. 이모는 너무나 친절했습니다. 그래서 나는 잠자리에 들었습니다.

이모도 마음에 걸리고 톰도 마음에 걸려 잠이 오지 않았습니다. 창문 밖으로 두 번이나 뛰어내렸는데 두 번 다 이모가 창문 안에서 기다리며 울고 있는 겁니다. 그래서 나는 다시 방으로 돌아갔어요. 동이 터올 무렵 나는 세 번째로 창문에서 뛰어내렸습니다. 이모는 희끗희끗한 머리를 두 손에 괴고 잠이 들어 있었습니다.

다음 날 아침 일어나자 사일러스 이모부는 마을로 가고 안 계셨습니다. 하지만 톰을 찾지는 못하고 아침 식사 전에 돌아오셨습니다.

두 분은 식탁에 앉아 있는데 커피는 식게 내버려둔 채 음식엔 손 하나 까딱 하지 않고 아무 말도 하지 않으셨어요. 한참 후 이모부가 입을 여셨지요.

"내가 편지를 당신에게 주었던가?"

"무슨 편지 말인가요?"

"어제 우체국에서 가져온 편지 말이오."

"글쎄, 무슨 편지를 줬다고 그러세요."

P. 147 "그럼 내가 잊어버린 모양이군."

이모부는 주머니를 뒤지더니 어디론가 가셨어요.

다시 돌아와서는 그 편지를 이모에게 주었지요. 이모가 말했습니다.

"세인트 피터스버그에서 온 거예요. 언니가 보냈어요."

나는 나가고 싶었지만 몸이 움직여지지 않았습니다. 그런데 이모가 편지를 보기도 전에 갑자기 편지를 떨어뜨리더니 뛰어가는 겁니다. 뭔가를 보신 거예요, 나도 봤어요! 톰 소여가 들것에 실려 들어오는 겁니다. 그 나이 많은 의사가 곁에 있었습니다. 짐이 그 뒤에 있는데 손이 결박되어 있었습니다. 사람들이 많았습니다. 나는 우선 보이는 데로 편지를 숨겨놓고 밖으로 달려나갔습니다. 이모는 톰에게 달려가 말했습니다.

"아이구, 죽었구나! 죽었어! 영락없이 죽었구나!"

톰은 머리를 조금 돌리더니 뭐라고 중얼거렸습니다. 그러자 이모는 두 손을 번쩍 쳐들며 소리쳤습니다.

"하느님, 감사합니다! 살아 있었구나! 살아 있으면 됐어!" 이모는 톰을 껴안고 키스를 했습니다. 그러더니 집안으로 달려가 침대를 준비하는 겁니다. 검둥이들에게 이것저것 부지런히 일을 시켰습니다.

P. 148 나는 사람들이 짐을 어떻게 하나 보려고 뒤에서 쫓아갔습니다. 나이 많은 의사와 이모부는 톰의 뒤를 따라 집안으로 들어갔습니다. 몇몇 사람들은 짐을 때리거나 협박했지만 짐은 가만히 있었습니다. 사람들은 짐을 다시 그 헛간으로 끌고 가 문을 잠갔습니다. 몇 사람이 밖에서 총을 들고 짐을 감시하겠다며 앉았습니다. 그러자 의사가 나타나 말했습니다.

"심하게 대하지 마시오. 이 검둥이는 좋은 녀석이오. 내가 저 아이를 도우러 뗏목으로 갔을 때, 어두워서 총알을 빼낼 수가 없었소. 저 아이가 머리가 이상해지기 시작해서 내가 소리를 질러 도움을 요청했소. 그때 난데없이 이 검둥이가 나타나 돕겠다고 하고는, 정말 잘 도와주었소. 나는 이 녀석이 도망친 검둥이라는 걸 알아 봤는데, 이 녀석이 그 애를 잘 돌봐 주었소. 자신의 자유가 위태로운 걸 알고도 도와준 것이지요. 그래서 난 이 검둥이 녀석이 좋아졌습니다. 여러분, 이 녀석은 천 달러의 가치가 있습니다. 우리는 밤새 뗏목에서 기다렸소. 그런데 이 검둥이 녀석은 잠이 들었는데, 지나가는 배가 있어 그 사람들이 이 녀석을 붙잡아 여기로 데리고 온 거요. 이 녀석은 좋은 녀석이오."

누군가 이렇게 말했습니다.

"그 얘기를 들으니 정말 훌륭한 녀석이군요, 의사 선생님."

그때부터 사람들은 짐에게 잘해주었습니다. 짐을 도와주려고 의사 선생님이 그런 말을 해준 것이 고마웠습니다.

P. 149 물론 나는 첫눈에 그가 좋은 사람이라는 걸 알아봤지만 말입니다. 사람들은 전부 짐이 훌륭한 일을 했으며 보답을 받을 가치가 있다고 인정했습니다. 더 이상 짐에게 욕설을 하지 않기로 약속을 하더군요.

나는 이 모든 걸 샐리 이모에게 어떻게 설명할까 고민했습니다. 시드가 총상을 입었다는 말을 어떻게 해서 깜빡했는지 설명하는 일 말입니다. 그전에 우리는 도망친 노예를 찾으려고 돌아다녔다고 말해 놓은 뒤였으니까요.

나는 핑계를 생각할 시간적 여유가 있었습니다. 샐리 이모는 밤낮으로 톰 방에서 톰 옆에 붙어 있었어요. 그리고 나는 사일러스 이모부를 볼 때마다 피해 다녔습니다.

다음 날 아침 톰의 몸 상태가 훨씬 좋아졌다는 이야기를 들었습니다. 샐리 이모는 한 숨 자러 갔다고 하더군요. 그래서 난 살며시 톰의 방으로 기어들어갔습니다. 톰이 깨어 있으면 식구들이 믿을 이야기를 함께 꾸며낼 생각이었지요. 하지만 톰은 잠들어 있었고 아주 편안해 보였습니다. 나는 앉아서 톰이 깨어나기를 기다렸습니다. 반 시간 정도 기다리니 샐리 이모가 들어왔습니다.

P. 150 나는 또 난처한 지경에 빠지고 만 것이지요! 이모는 내 옆에 앉더니 톰의 몸이 양호해질 테니 우리 모두 기뻐해도 좋다고 했습니다. 톰은 점점 더 회복되고 있었던 겁니다.

우리는 톰을 지켜보고 앉아 있었는데, 톰이 몸을 조금 꿈틀거리더니 눈을 뜨고는 주위를 둘러보고 이렇게 말했습니다.

"내가 집에 돌아와 있네! 어떻게 된 거지? 뗏목은 어디 있고?"

"괜찮아."라고 내가 말했지요.

"그리고 짐은?"

"짐도 괜찮아."

"잘 됐어. 이제 우린 안전하구나! 이모에게 얘기했니?

내가 그렇다고 막 대답하려는데, 샐리 이모가 말을 가로막았습니다.

"무슨 일 말이냐, 시드?"

"우리가 했던 거 말이에요."

"너희들이 무얼 했는데?"

"도망친 검둥이를 자유의 몸으로 해준 거 말이에요! 톰과 내가 했어요!"

"맙소사! 지금 무슨 말을 하는 거니. 저런, 또 머리가 이상해졌구나."

"아니에요. 난 머리가 이상해진 게 아니에요. 우리가 그 검둥이를 자유의 몸으로 만들었지요. 우리가 전부 그 일을 계획한 거예요!"

톰이 한번 말하기 시작하자 샐리 이모는 듣고만 있었습니다. 내가 끼어들어봤자 소용없다는 것을 알았지요.

P. 151 톰은 계속 이야기를 했습니다.

"이모, 여간 힘든 일이 아니었어요. 식구들이 자고 있는 동안 매일 밤 했으니까요. 양초니 여러 가지 물건을 훔치지 않으면 안 되었어요. 얼마나 재미있었는지 몰라요! 두개골이니 대퇴골이니 관이니 그런 그림도 그려야 했지요. '익명의 친구'로부터 온 편지도 써야 했고요. 구멍도 파야 했지요."

"맙소사!"

"이모가 톰을 여기 꼼짝 못하게 해서 모자 안에 있던 버터가 녹아내렸잖아요. 톰이 달려와서는 총 가진 사람들 얘기를 해주었지요. 우리는 도망쳐야 했는데 사람들이 쫓아오잖아요. 사람들을 따돌리고 나니 개가 쫓아왔지요. 개들은 우리를 알아보고 짖지 않았어요. 우리는 카누로 달려간 다음 우리의 뗏목으로 갔지요. 짐이 자유의 몸이 된 거예요. 이 모든 걸 우리 힘으로 해낸 거예요. 정말 장하지 않아요, 이모!"

"그런 얘기는 머리털 나고 처음 듣는 이야기구나. 그러니까 너희 둘이 그랬단 말이지! 이 못된 것들! 너희들 때문에 간이 콩알만 해졌지 뭐냐! 너희 둘을 혼내줘야 할 텐데!"

그러나 톰은 너무나 자랑스러워 하고 좋아했기 때문에, 이모가 우리를 혼낼 방법을 말하는 동안에도 쉴새 없이 이야기를 지껄여댔습니다.

P. 152 그러자 이모가 말했습니다.

"그래, 너희 둘은 실컷 즐겼나 보구나. 하지만 두 번 다시 그 놈에게 손을 댔다가는 큰일 날 줄 알아!"

"누구에게 손을 댄다는 거예요?" 톰은 웃는 얼굴을 멈추고 놀라서 물었습니다.

"누구냐고? 누구긴 누구야, 그 도망친 검둥이 말이다. 그 녀석 말고 또 누가 있겠니?"

톰은 아주 정색을 하고 나서 나에게 이렇게 말했습니다.

"톰, 그는 괜찮다고 하지 않았어? 도망쳤다고 하지 않나?"

"그라니?" 이모가 말했습니다. "도망친 검둥이 말이냐? 붙잡아 왔단다. 도로 그 헛간에다 가두었지. 누가 자기 거라고 주장하거나 팔릴 때까지 가두어 둘 거다."

톰은 침대에서 일어나 앉았습니다. 눈에 화가 그득한 채 소리쳤습니다.

"짐을 가두는 건 옳지 않아요! 빨리 가! 짐을 풀어 줘! 짐은 이제 노예가 아냐! 어느 누구 못지않게 자유의 몸이란 말이야!"

"이 애가 도대체 무슨 말을 하고 있는 거냐?"

"말한 그대로예요, 이모! 아무도 안 간다면 내가 갈 거예요. 톰과 나는 일생 동안 그 검둥이를 잘 알고 있어요. 왓츤 아주머니는 두 달 전에 돌아가셨는데, 짐을 강 하류에 팔려고 했던 것을 가장 부끄러워 하셨어요. 그래서 유언으로 짐을 노예 신분에서 해방시켜 주었어요."

P. 153 "그렇다면 무엇 때문에 너는 그 놈을 자유의 몸으로 만들어주려고 애썼단 말이냐?"

"이모는 여자라서 그런 질문을 하시는군요. 우린 모험을 하고 싶었던 거예요! 그리고 더한 일도 했을 거예요… 폴리 이모!"

그런데 정말 폴리 이모가 그 자리에 있었습니다! 문 안쪽에 서 있는 것이 아니겠습니까. 천사처럼 인자한 모습으로 말입니다. 난 너무 놀랐습니다.

샐리 이모는 폴리 이모에게 뛰어가더니 꼭 껴안았습니다. 둘 다 울었지요. 나는 이때다 싶어 침대 밑으로 숨었습니다. 어떻게 돌아가나 싶어 엿보니 폴리 이모가 안경 너머로 톰을 물끄러미 쳐다보고 있었습니다. 몹시 화가 난 듯 보였습니다.

"나를 똑바로 보는 게 좋을 거다, 톰!"

"어머나!" 샐리 이모가 말했어요. "그 애가 그렇게 많이 달라졌나요? 그 앤 톰이 아니에요. 시드예요! 톰은 어디 갔지? 방금 전까지도 여기 있었는데."

"허크 핀이 어딨느냐 그 말이겠지! 내가 톰을 못 알아 볼 리가 있겠니. 허크 핀, 침대 밑에서 당장 나오지 못할까!"

P. 154 나는 침대 밑에서 기어나왔지만 몹시 부끄러웠습니다.

샐리 이모는 어리둥절한 표정을 짓고, 방 안에 들어온 사일러스 이모부도 마찬가지였습니다. 폴리 이모는 내가 누군지 설명하셨습니다.

P. 155 그 다음에는 나도 내가 톰이 된 경위와 톰이 시드가 된 경위를 설명해야 했습니다.

그러자 폴리 이모는 왓츤 아주머니가 짐을 풀어준 것은 톰이 말한 그대로라고 하셨습니다. 나는 이미 자유의 몸이 된 사람을 풀어주기 위해 우리가 겪은 그 모든 고생에 놀랄 따름이었습니다.

폴리 이모는 톰과 시드가 도착했다는 편지를 받았다고 하셨습니다. 폴리 이모는 톰이 또 무슨 말썽을 일으키고 있다고 생각하시고, 무슨 일을 저지르고 있는지 알아보려고 강을 따라 내려오신 겁니다.

"난 언니한테 편지를 받은 적이 없어요." 샐리 이모가 말했습니다.

"나도 그게 이상했다. 시드가 여기 와있다는 게 무슨 소리냐고 두 번이나 편지를 보냈지."

"편지 한 통도 못 받았어요, 언니."

폴리 이모는 천천히 몸을 돌렸는데, 잔뜩 화가 난 표정이었습니다. 폴리 이모가 말했습니다.

"너, 톰!"

"아니, 난…" 톰은 어리둥절한 표정이었습니다.

P. 156 "편지를 내놓거라."

"무슨 편지요?"

"그 편지 말이야."

"상자 안에 있어요. 펴보지도 않고 읽지도 않았어요. 만져보지도 않았어요. 하지만 그 편지가 귀찮은 문제를 일으킬 것이라는 건 알았지요."

"암만 해도 너 맞아야겠다. 내가 온다는 편지도 한 통 썼는데."

"그 편지는 어제 받았어요. 아직 읽지는 않았지만 그 편지는 잘 도착했어요. 그 편지는 받았어요."

샐리 이모가 톰을 편들어 주려고 거짓말을 하고 있다는 것을 알았지만 나는 잠자코 있었습니다.

톰과 단 둘이 있게 되자 나는 톰에게 짐과 도망친 다음 어떻게 할 생각이었냐고 물었습니다. 우리 셋이서 강을 따라 내려가면서 여러 가지 모험을 할 생각이었다고 했습니다. 그런 다음 짐에게 이미 자유의 몸이 되었다고 알려줄 작정이었다고 했습니다. 그런 다음 증기선을 타고 강 위로 여행하는 겁니다. 고향으로 돌아가면 검둥이들이 모두 나와 그를 영웅 대접하며 대대적으로 환영한다는 것이지요.

짐은 곧장 헛간에서 풀려났습니다. 폴리 이모, 사일러스 이모부, 샐리 이모는 모두 짐에게 톰을 도와줘서 고맙다고 했습니다. 짐이 먹고 싶은 것은 다 먹게 했습니다. 우리 세 명은 얼마 동안 톰의 방에서 이야기 꽃을 피웠습니다.

P. 157 톰은 짐에게 참을성 있게 죄수 노릇을 해 준 대가로 사십 달러를 주었습니다. 짐은 너무 기쁜 나머지 이렇게 말했습니다.

"허크, 언젠가 잭슨 섬에서 내가 부자가 될 거라고 했던 말 기억하지? 이제 난 부자라니까."

그런 다음 톰은 자꾸 이야기를 계속 했습니다. 우리 셋이 언제 밤에 탈출할 방법이 있다며, 인디언 마을에 가서 살면서 모험을 해보는 게 어떻겠느냐고 했습니다. 나는 좋다고 했지만 돈이 없을 거라고 했습니다. 아빠가 대처 판사님한테서 돈을 전부 빼앗았을 테니까요.

"아니, 그렇지 않아. 육천 달러 이상 그대로 다 있어. 네 아버지는 돌아오지 않았어."

그러자 짐이 슬픈 투로 말했습니다.

"허크, 그 양반은 이제 다시 돌아오지 않을 거야."

"왜 그렇지, 짐?" 내가 물었습니다.

"이유는 필요 없어, 허크. 다시는 돌아오지 않을 거구면."

P. 158 하지만 내가 자꾸 따지자 짐은 이렇게 말했습니다.

"강을 따라 내려온 통나무집 기억나지? 그 안에 있던 죽은 사람도. 그 사람이 네 아버지였다니까."

톰은 곧 좋아졌습니다. 몸에서 뽑아낸 총알로 목걸이를 만들어 가지고 다녔습니다.

이제 더 이상 쓸 게 없으므로 나는 기쁩니다. 책을 쓰는 게 이렇게 힘든 일인 줄 몰랐습니다.

P. 159 두 번 다시는 책을 쓰지 않을 겁니다. 곧 우리는 인디언 부락으로 떠날 겁니다. 샐리 이모가 나를 양자로 삼아 교양인으로 만들겠다고 하시니까요. 그 일이라면 전에도 한 번 해봤고 도저히 참을 수 없으니 말입니다.

끝

당신의 충실한,

허크 핀

명작에서 찾은 생활영어

THE ADVENTURES OF HUCKLEBERRY FINN

MARK TWAIN

아빠는 여느 때와 마찬가지로 기분이 안 좋았어요.

My dad was in a bad mood, as usual.

더글러스 아주머니의 양자가 되어 예의범절을 익히며 살아가는 허크 앞에 바람처럼 나타난 허크의 아빠. 그는 허크의 돈을 차지할 욕심으로 판사와 더글러스 아주머니 양쪽에 소송을 겁니다. 그러나 소송이 뜻대로 돌아가지 않자 허크의 아빠는 이렇게 '우울 모드'인 날이 많아집니다. 이처럼 기분이 안 좋다〔우울하다〕, 저 기압이다라고 할 때는 be in a bad〔blue〕mood, be in a bad frame of mind라는 표현을 사용합니다. 기분은 대화의 소재로도 자주 등장하는 만큼 관련된 다양한 표현을 익혀두면 아주 유용하게 쓸 수 있답니다.

You look down. 기분이 안 좋아 보이는군.

Why is Jim so grouchy? 짐이 왜 그렇게 뿌루퉁해 있지?

She's been depressed since her boy friend left for the States. 그녀는 남자 친구가 미국으로 떠난 뒤 줄곧 우울해.

Thanks for the wonderful compliment. You've made my day with it.
멋진 칭찬 고마워요. 덕분에 기분이 좋아졌어요.

기분은 수시로 바뀔 수 있으니 상대방의 기분을 잘 살펴보는 센스 도 필요하겠죠? 아래 dialog처럼 말이에요.

A : Rita looks down. What's wrong with her?

B : She was stood up by her boyfriend last night.

A : Uh-oh, it's not good to talk to her when she's in a bad mood.

B : You're right. It just adds fuel to the fire. So we should keep away from her.

A : 리타가 기분이 안 좋아 보이는데 무슨 일 있나?

B : 어젯밤 남자친구한테 바람맞았대.

A : 음, 리타가 저기압일 때는 말을 걸지 않는 게 상책이야.

B : 맞아. 불에 기름을 붓는 격이니까. 그러니까 우리는 리타를 피해 다니자구.

우리 모두 같은 처지가 될 거요.
We'll all be in the same boat.

사기꾼 왕과 공작의 나체 코미디 쇼에 분노한 관람객들 중 한 사람이 재미있는 연극이라고 거짓 소문을 내서 다른 사람들도 보게 하면 그 사람들도 우리와 같은 처지가 되지 않겠느냐며 한 말입니다. 이런 발언을 하는 사람도 왕과 공작만큼 참 황당한 사람인 것 같네요. 위 표현을 단순히 우리는 같은 배에 타게 될 것이다 라고 해석하면 정말 곤란해요. 우리는 한 배를 타게 된 식구가 될 것이다, 또는 우리 모두 처지가 같게 될 것이다, 동병상련이야 정도로 해석해야 맛깔스럽답니다. 이처럼 boat는 다른 단어와 결합해 독특한 표현을 이루는 경우가 많은데요, 한번 확인해 보실까요?

You're rocking the boat.
너 혼자 평지풍파를 일으키고 있어.

I can't go back. I've burned my boats.
나는 이제 돌아갈 수가 없어. 배수진을 쳤거든.

You had better hurry and apply for a job with that company or you will miss the boat.
빨리 그 회사에 입사 원서를 접수하는 게 좋을걸. 안 그러면 기회를 놓치게 될 거야.

어때요, boat가 정말 재미있는 표현들을 만들어내지 않나요? 그럼
그 표현들을 아래 dialog에서 확인해 보기로 해요.

A : Did you hear that Greg had lost his job?

B : Really? Why?

A : All the employees agreed to the new
company contracts except for him.
He got fired because he rocked the boat.

B : Now that he is unemployed, three of us are
in the same boat.

A : 그렉이 실직했다는 말 들었어?

B : 정말? 이유가 뭐야?

A : 그렉 빼고 직원 전부가 새로운 사규에 동의했어. 혼자 유별나게 굴어서
잘린 거야.

B : 그렉이 백수가 되었으니 이제 우리 세 명은 동병상련의 처지가 되었군.

생각을 골똘히 한 나머지 머리에 쥐가 날 지경이었어요.

I thought so hard that my head hurt.

왕과 공작이 마을 사람들을 상대로 벌이는 사기 행각에 진절머리
가 난 허크는 틈만 보이면 두 사람들로부터 도망쳐야겠다고 결심
합니다. 드디어 그 기회가 찾아왔지만 짐이 갑자기 사라져 버렸지
요. 어리둥절한 허크는 마을로 들어가 수소문하게 되고, 왕과 공
작이 짐을 몰래 팔아치운 사실을 알게 됩니다. 허크는 어떻게 짐
을 되찾아올까 생각하고 또 생각하지만 뾰족한 해결책이 떠오르
지 않자 위와 같이 탄식을 했어요. 여기에서 머리가 아프다라는
뜻으로 쓰인 one's head hurts 라는 표현은 신체적으로 머리를
다쳤거나 아플 때, 혹은 골치가 아플 때 양쪽 모두 쓸 수 있는 표
현이랍니다. 자, 머리가 아프다, 영어로 어떻게 표현하는지 한번
보실까요?

My head is killing me. 머리가 아파 죽겠어.

I have a splitting headache.(= My head is racked
with pain.) 머리가 쪼개질 듯이 아파.

Please stop yelling. It's making my head sore.
제발 소리 좀 그만 지를래? 머리가 아플 지경이야.

I thought till I wore my head sore.
머리가 쓰라릴 정도로 생각했다.

이제 머리가 아프다는 한 마디를 여러 가지 표현을 사용해 말해 보세요. 자, 그럼 아래 dialog를 통해 다시 한번 연습해 볼까요?

A : Why are you resting your head in your hands?

B : My head is killing me. Last night my son caused a car accident in my car.

A : I know your son has no driving license. He will get into trouble.

B : I know. I've thought so hard about what to do that my head hurts.

A : 왜 머리를 손에 받치고 있나?

B : 머리가 아파 죽을 것 같아. 어젯밤에 아들 녀석이 내 차를 타고 가다 자동차 사고를 냈어.

A : 자네 아들은 운전 면허증이 없잖아. 문제가 크겠는데.

B : 그래. 어떻게 할지 하도 생각했더니 머리가 아플 지경이야.

사람들에게 장난 좀 쳤지!
I played a trick on them!

허크는 여행을 떠나기 전 이미 고향 마을사람들이 자신을 죽었다
고 생각하도록 만들었습니다. 그래서 샐리 이모 집 근처에서 허크
를 보게 된 톰은 그야말로 기절초풍하게 됩니다. 톰은 허크의 귀
신이 나타났다고 생각하게 되고, 이에 허크는 마을 사람들을 속인
사실을 털어놓습니다. …을 속이다, …을 상대로 장난을 치다라
고 할 때에는 play a (one's) trick on과 같은 표현을 쓰는데
요, 이는 trick이 명사로 속임수, 사기, 장난이라는 뜻이기 때문
이랍니다. 물론 trick은 동사로도 쓰입니다. 자, 예문 나갑니다.

The duke said he would think of a new trick.
공작은 새로운 속임수를 생각해 보겠다고 말했습니다.

Huck, why did you play that trick on me?
허크, 나에게 왜 그런 장난을 쳤어?

The king and duke began playing their tricks
again.
왕과 공작은 또 마을 사람들을 상대로 골탕을 먹이기 시작했습니다.

You sure did trick them, Huck! You saved me.
정말 멋지게 그 사람들을 속여버렸어, 허크! 네가 내 생명을 구했어.

trick은 어떤 상황에서, 누구에게 하느냐에 따라 좋은 결과를 낳을 수도 또 그 반대일 수도 있을 것 같아요. 그러니까 아래 dialog 같은 상황으로 연결되는 trick은 피해야겠죠?

A : How could John play such a trick! It's mean!

B : Yeah. He spread a false rumor that you had quit the election.

A : He thought he would get more votes with that trick.

B : He doesn't realize that electors hate a negative campaign.

A : 존이 그런 속임수를 쓰다니! 비열해!

B : 맞아. 네가 중도 사퇴했다고 거짓 소문을 퍼뜨리다니 말이야.

A : 그런 속임수로 득표를 더 할 수 있다고 생각한 모양인데.

B : 유권자들은 상대방을 비방하는 선거운동을 싫어한다는 걸 모르는 모양이군.

일이 뜻대로 안 되겠는걸, 허크.

This isn't going to work, Huck.

누가 한 말인지 기억하시나요? 헛간에 갇힌 짐을 구출할 계획을 세운 허크와 톰. 두 사람은 밤마다 헛간 주위의 땅을 팝니다. 그러나 며칠이 지나도 별 진전이 없자, 포기하기로 하면서 톰이 이런 말을 했지요.

여기서 주의해야 할 동사가 바로 work 인데요, 흔히 work는 일 하다라는 뜻으로 알고 있잖아요? 그런데 여기서는 (일이) 뜻대로 되다 라는 뜻으로 쓰였답니다. 또 문장에 따라 (계획이) 성공하다, (약이) 잘 듣다, (관계가) 잘 지속되다 로 풀이해도 좋아요. 자, 그럼 이번 기회에 work의 뜻, 확실히 알아두기로 해요.

Tom thought his plan was working very well.
톰은 자신의 계획이 뜻대로 아주 잘 되어 가고 있다고 생각했다.

Her idea will never work in practice.
그녀의 계획은 실행 단계에서 성공하지 못할 것이다.

The pills will start to work in a few minutes.
이 알약은 수 분 후에 효과가 나타날 겁니다.

Our relationship just isn't working.
우리 사이가 삐걱거리고 있는 것 같아.

어때요? work란 단어, 아주 유용하게 쓰일 수 있는 동사지요? 그럼 아래 dialog를 통해 확실히 내 것으로 만들어 보세요.

A : How is it going with your girl friend?

B : I think our relationship is not working very well now, so I'm going to do something about it.

A : What will you do?

B : Today is her birthday. I'd like to show her how much I love her with a surprise party.

A : I hope it will work as you planned.

A : 여자 친구와 잘 사귀고 있어?
B : 지금은 사이가 좀 삐걱거리고 있는 것 같아서 뭔가 좀 해보려고.
A : 어떻게 할 건데?
B : 오늘이 여자 친구 생일인데, 깜짝 파티로 내가 자기를 얼마나 사랑하는지 보여주려고.
A : 네 계획대로 잘 되었으면 좋겠다.

이런, 톰이 또 제 정신이 아니네!

Dear, Tom's losing his mind again!

짐을 헛간에서 **빼내는** 모험을 감행하다 총상을 입고 정신을 잃은 톰. 그는 정신이 들자마자 짐을 탈출시킨 모험담을 늘어놓아 샐리 이모가 위와 같은 말을 하게 만듭니다. 샐리 이모는 lose one's mind(제 정신을 잃다)를 써서 당혹감을 잘 표현했는데요. 흔히 상대방이 말도 안 되는 헛소리를 지껄이거나 이상한 행동을 보일 때 "너 도대체 어떻게 된 거니?", "너 제 정신이니?" 라는 뜻으로 어떤 영어 표현을 쓸 수 있는지 한번 알아볼까요?

Are you nuts? 너 미쳤니?

Are you serious? 너 진심이니?

Are you out of your mind? 너 제 정신이니?

You drive me crazy!
네가 나를 아주 미치게 하는구나!

You don't look yourself today.
오늘 너 제 정신이 아닌 것 같구나.

상대방의 입에서 이런 험악한 말이 나오는 일은 없도록 해야겠죠?
특히 아래의 dialog와 같은 상황은 말이에요.

A : You stayed out last night without telling me.
Are you out of your mind?

B : I had good reason, Mom.

A : Now tell me where you have been.

B : I won't tell you.

A : What? You are trying to drive me crazy!

A : 말도 안 하고 외박을 하다니. 너 제 정신이니?
B : 다 이유가 있어요, 엄마.
A : 지금까지 어디 있었는지 말해 봐.
B : 그건 말 안 할래요.
A : 뭐라고? 네가 나를 미치게 하려고 작정을 하는구나!

THE
CLASSIC
HOUSE

offers
a wide range of world classics
in modern English.

01 The Little Prince 어린 왕자

02 Fifty Famous Stories 50가지 재미있는 이야기

03 Aesop's Fables 이솝우화

04 The Great Gatsby 위대한 개츠비

05 Daddy-Long-Legs 키다리 아저씨

06 Pride and Prejudice 오만과 편견

07 O. Henry's Short Stories 오 헨리 단편집

08 Anne Frank: The Diary of a Young Girl 안네의 일기

09 The Scarlet Letter 주홍글씨

10 Jane Eyre 제인 에어

11 Animal Farm 동물농장

12 Tales from Shakespeare 셰익스피어 이야기

13 The Adventures of Tom Sawyer 톰 소여의 모험

14 E. A. Poe's Short Stories 포우 단편집

15 Wuthering Heights 폭풍의 언덕

16 Strait Is the Gate 좁은 문

17 The Adventures of Huckleberry Finn 허클베리 핀의 모험

18 Tolstoy's Short Stories 톨스토이 단편집

19 The Adventures of Sherlock Holmes 셜록 홈즈의 모험

20 Tess of the d'Urbervilles 테스